TERAPIA COGNITIVO-COMPORTAMENTAL

COLEÇÃO PSICOTERAPIAS
COGNITIVO-COMPORTAMENTAIS

VOLUME **1**

TERAPIA COGNITIVO-COMPORTAMENTAL

Eliane Mary de Oliveira Falcone
Margareth da Silva Oliveira
(Organizadoras)

© 2012 Casapsi Livraria e Editora Ltda.
É proibida a reprodução total ou parcial desta publicação, para qualquer
finalidade, sem autorização por escrito dos editores.

1ª Edição	*2012*
Diretor Geral	*Ingo Bernd Güntert*
Publisher	*Marcio Coelho*
Coordenadora Editorial	*Luciana Vaz Cameira*
Produção Editorial	*ERJ Composição Editorial*
Produção Gráfica	*Carla Vogel*
Capa	*Ana Karina Rodrigues Caetano*

Dados Internacionais de Catalogação na Publicação (CIP)
Angélica Ilacqua CRB-8/7057

Terapia cognitivo-comportamental / Eliane Mary de Oliveira
Falcone, Margarethda Silva Oliveira (organizadoras) -- São Paulo
: Casa do Psicólogo, 2012. (Coleção Psicoterapia Cognitivo-
-Comportamentais, v. 1)

ISBN 978-85-8040-135-6

1. Psicoterapia 2. Terapia cognitivo-comportamental I. Falcone,
Eliane Mary de Oliveira II. Oliveira, Margarethda Silva

12-0199   CDD 616.89142

1. Psicologia - Terapia cognitivo-comportamental

Impresso no Brasil
Printed in Brazil

As opiniões expressas neste livro, bem como seu conteúdo, são de responsabilidade
de seus autores, não necessariamente correspondendo ao ponto de vista da editora.

Reservados todos os direitos de publicação em língua portuguesa à

Casapsi Livraria e Editora Ltda.
Rua Simão Álvares, 1020
Pinheiros • CEP 05417-020
São Paulo/SP — Brasil
Tel. Fax: (11) 3034-3600
www.casadopsicologo.com.br

Apresentação

A organização da coleção *Psicoterapias Cognitivo-comportamentais* tem como objetivo fornecer ao leitor subsídios teóricos e práticos a respeito dos principais temas em psicoterapias cognitivas e comportamentais. Pretende fornecer uma atualização acerca da efetividade e eficácia dos tratamentos que empregam a terapia cognitivo-comportamental.

Além de informar e proporcionar o conhecimento do "estado da arte" sobre os tratamentos da terapia cognitivo-comportamental, pretende mostrar como se faz TCC no Brasil. Estudos empíricos internacionais e nacionais farão parte do escopo desta obra para dar ao leitor a profundidade do conhecimento que todos os profissionais iniciantes e experientes procuram quando buscam literatura para o enriquecimento dos seus conhecimentos.

Pretende-se também publicar volumes generalistas e temáticos de forma abrangente que contemplem o atendimento em todas as faixas etárias.

O primeiro volume apresenta o modelo da terapia cognitivo-comportamental desde o seu desenvolvimento até a prática clínica, incluindo procedimentos de avaliação e técnicas de tratamento aplicadas em adultos e crianças.

Neste volume, o leitor vai encontrar o prefácio do Prof. Dr. Bernard Rangé, que situa a TCC no momento atual, assim como apresenta estudos de efetividade e seus comentários sobre os capítulos desta obra.

As organizadoras.

Prefácio

A cada dez anos, começando em 1980 (Prochaska & Norcross, 1982; Norcross, Alford, & DeMichele, 1992), foram conduzidos levantamentos de tipo Delphi sobre o futuro da psicoterapia. Os 36 peritos do levantamento inicial anteciparam uma variedade de mudanças na psicoterapia, tais como uma troca na orientação teórica da psicanálise para a terapia cognitivo-comportamental e a substituição de terapias de longo prazo por terapias mais breves. Foram previstos também serviços para populações ainda não atendidas, cobertura de seguro-saúde nacionais e a implementação de revisões por pares, que acabaram se confirmando, inicialmente nos Estados Unidos.

Os 75 peritos da segunda enquete Delphi opinaram, há vinte anos, sobre grupos de autoajuda e de serviço social que se proliferariam e que a proporção de psicoterapia oferecida por psiquiatras diminuiria, o que também se confirmou. Os resultados também previram o crescimento da importância de programas certificação, de psicoterapeutas tornando-se mais especialistas mais que práticos e certificação obrigatória/

licenciamento para profissionais de saúde mental com nível de pelo menos mestrado, o que aqui ainda não se observa.

Mas a quantidade crescente de trabalhos mostrando a eficácia da terapia cognitiva pode constituir uma explicação para o fato de essa abordagem ser considerada a que mais cresceu em popularidade nos últimos trinta anos, sobretudo no Brasil. A partir de 1992, uma variedade de publicações em português (Rangé, 1992a, 1992b, 1993; Rangé, 1995a; Rangé, 1995b) ou traduzidas para o português (Beck & Freeman, 1993; Marlatt & Gordon, 1993; Scott, Williams & Beck, 1994; Beck, 1995; Beck, 1997; Dattilio & Freeman, 1995; Dattilio & Padesky, 1995; Hawton, Salkovskis, Kirk & Clark, 1997) sugerem que a terapia cognitiva começou a se tornar mais popular também no Brasil. No ano de 1997, também foi fundada a Sociedade Brasileira de Terapias Cognitivas, em Gramado, no Rio Grande do Sul, por ocasião do II Congresso Latino-Americano de Terapias Cognitivas.

Não só houve um aumento expressivo nas publicações de livros e artigos em revistas científicas brasileiras, como esse aumento foi acompanhado de revisões que demonstraram a efetividade das terapias cognitivo-comportamentais (TCC) em enorme variedade de problemas psicológicos. Só para tomar como exemplo, o Instituto Nacional de Pesquisas Médicas da França (INSERM promoveu uma pesquisa para tentar definir quais psicoterapias seriam mais eficazes para quais problemas em uma comparação realizada com base nos efeitos das terapias psicanalíticas, sistêmicas e cognitivo-comportamentais. Depois de examinar mais de mil documentos e de três anos de trabalho realizado por oito pesquisadores, auditados por outros três (um francês, um inglês e um francês radicado nos Estados Unidos), chegaram à conclusão de que a terapia psicanalítica tinha se mostrado efetiva no tratamento de pacientes com transtorno da personalidade *borderline*; que a terapia sistêmica tinha se mostrado efetiva no tratamento de dificuldades familiares e de casais; e que as terapias cognitivo-comportamentais tinham se mostrado efetivas nos tratamentos de transtornos da ansiedade (transtorno do pânico, agorafobia, transtorno da ansiedade generalizada, transtorno obsessivo-compulsivo, transtorno do estresse pós-traumático, fobia social e fobias específicas); nos transtornos do humor (transtorno depressivo maior, transtorno distímico, e como complemento psicoterápico no tratamento do transtorno bipolar); como tratamento de escolha para os transtornos alimentares (anorexia e bulimia nervosas, transtorno da compulsão alimentar periódica); no enfrentamento de compulsões por álcool e drogas; no tratamento de transtornos da personalidade evitativa e *borderline*; como tratamento de escolha para os sintomas negativos da esquizofrenia e como complemento dos tratamentos farmacológicos do mesmo quadro; tendo se mostrado também um tratamento efetivo para problemas de relacionamento entre casais; e, finalmente, no tratamento de uma variedade de problemas infantis e de adolescentes (INSERM, 2005; Cottraux & Matos, 2007). Outras evidências podem ser encontradas nos artigos de meta-análise de Chambless & Hollon (1998) e DeRubeis & Crits-Christoph (1998) e nos livros de Roth & Fonagy (1996; 2005).

Esta série que se inicia com este volume sobre *Terapia cognitivo-comportamental: teoria e prática* pode ser uma oportunidade de constatar isso mais uma vez.

Em seu capítulo sobre a "História, bases conceituais e prática da terapia cognitivo-comportamental", a Dra. Eliane Falcone apresenta algo da história da TCC no exterior e no Brasil, seus principais conceitos e como se desenvolve a aplicação prática deles decorrentes. Ela atribui o fortalecimento dessa abordagem a principalmente três fatores: (1) movimento de insatisfação com um modelo de intervenção estritamente comportamental; (b) rejeição aos modelos psicodinâmicos a partir de questionamentos relativos à sua eficácia; e (c) desenvolvimento das ciências cognitivas (Dobson & Dosois, 2006). Examina e revê com algum detalhe algumas das características do trabalho em TCC como diretividade, brevidade, caráter colaborativo, bem como psicoeducação e tarefas de casa; diferentes tipos de trabalhos que são realizados (racionalistas, construtivistas, terapias de esquema), assim como algumas das características que diferenciam essas abordagens de outras formas terapia, enfatizando, sobretudo, o papel da relação terapêutica como parte fundamental do processo terapêutico.

O segundo capítulo sobre "Avaliação cognitivo-comportamental", da Dra. Margareth da Silva Oliveira e de sua doutoranda Karen Szupszynski, sustenta que uma avaliação psicológica pode apresentar muitos objetivos como a avaliação intelectual ou cognitiva, a avaliação de déficits cognitivos, ou do funcionamento da personalidade, além de auxiliar no diagnóstico dos pacientes. O objetivo de uma avaliação é examinar como e por que a pessoa se comporta de certas maneiras, que são determinadas por situações específicas e pelas interpretações que faz delas. A avaliação cognitivo-comportamental tem papel educativo e ressalta a possibilidade de mudança. Além da entrevista psicológica, que é a base de toda informação necessária para um tratamento eficaz, outras formas de avaliação são utilizadas como as medidas de autorrelato, como as escalas Beck e de Young; os inventários de habilidade sociais e as medidas fisiológicas e neuropsicológicas para a avaliação dos processos cognitivos, emocionais e comportamentais; e os instrumentos de tipo *checklist*, sem contar também com automonitorias.

Já a doutoranda Patrícia Barros, no capítulo sobre "Terapia cognitivo-comportamental aplicada a crianças e adolescentes", destaca a importância do processo de avaliação como a base para um tratamento eficaz dos problemas enfentados por crianças e adolescentes. Ressalta também a importância do estabelecimento de metas e objetivos graduais, das recompensas concretas, das reinterpretações, dos enfrentamentos por meio das exposições, da ativação comportamental, dos sistemas de fichas ou pontos para problemas de comportamento para o sucesso dos tratamentos.

Esta coleção que se inicia pode servir como uma base segura para outras leituras que permitirão aprofundamentos nesses temas. Parabéns às autoras pela qualidade de cada capítulo e às organizadoras pela concepção da coleção.

Prof. Dr. Bernard Rangé

Referências

BECK, A. T., & Freeman, A. (1993), *Terapia cognitiva dos transtornos da personalidade*. Porto Alegre: Artes Médicas-Sul.

BECK, J. (1996). *Terapia cognitiva*. Porto Alegre: Artes Médicas-Sul.

CHAMBLESS, D. L., & Hollon, S.D. (1998). Defining Empirically Supported Therapies. *Journal of Consulting and Clinical Psychology*, Feb, vol. 66(1), 7-18

COTTRAUX, J., & Matos, M. G. (2007). Modelo europeu de formação e supervisão em Terapias Cognitivo-comportamentais (TCCs) para profissionais de saúde mental. *Revista Brasileira de Terapias Cognitivas,* 3, 49-61.

DATTILIO, F. M., & Freeman, A. (Eds.) (1994). *Cognitive-Behavioral strategies in crisis intervention*. New York, Guilford.

DATTILIO, F. M., & Padesky, C. A. (1990). *Terapia cognitiva com casais*. Porto Alegre: Artes Médicas-Sul.

DERUBEIS, Robert J., & Crits-Christoph, Paul (1998). Empirically Supported Individual and Group Psychological Treatments for Adult Mental Disorders. *Journal of Consulting and Clinical Psychology*, Feb, vol. 66(1), 37-52.

FREEMAN, A., & Dattilio, F. M. (1992). *Comprehensive casebook of cognitive therapy*. New York: Plenum.

HAWTON, K.; Salkovskis, P.; Kirk, J., & Clark, D. M. (1997). *Terapia cognitivo-comportamental de transtornos psiquiátricos: um guia prático*. São Paulo: Editora Martins Fontes.

INSERM (2004). *Psychothérapie, trois approches évaluées*. Paris: Éditions Inserm.

MARLATT, G. A., & Gordon, (1993). *Prevenção da recaída*. Porto Alegre: Artmed.

RANGÉ, B. P. (1992a). Psicoterapia cognitiva. I. Fundamentos, princípios, processos, limites. *Jornal Brasileiro de Psiquiatria*, 41(2): 81-85.

RANGÉ, B. P. (1992b). Psicoterapia cognitiva. II. Desordens da ansiedade. *Jornal Brasileiro de Psiquiatria*, 41(3): 111-116.

RANGÉ, B. P. (1992c). Psicoterapia cognitiva. III. Depressão. *Jornal Brasileiro de Psiquiatria*, 41(4): 157-162.

RANGÉ, B. P. (Org.) (1995). *Psicoterapia comportamental e cognitiva: pesquisa, prática, aplicações e problemas*. Campinas, SP: Editorial Psy.

RANGÉ, B. P. (Org.) (1995). *Psicoterapia comportamental e cognitiva de transtornos psiquiátricos*. Campinas, SP: Editorial Psy.

RANGÉ, Bernard (Org.) (2001). *Psicoterapias cognitivo-comportamentais: um diálogo com a psiquiatria*. Porto Alegre, RS: Artmed.

ROTH, A., & Fonagy, P. (1996). *What works for whom*. New York: Guilford.

SCOTT, J.; Williams, J. M. G., & Beck, A. T. (1994). *Terapia cognitiva na prática clínica*. Porto Alegre: Artes Médicas-Sul.

Sumário

1 História, bases conceituais e prática da terapia cognitivo-comportamental 17
Eliane Mary de Oliveira Falcone

Bases teóricas da TCC e suas implicações para o tratamento 21
Principais atributos da TCC 26
O papel da relação terapêutica na TCC 31
Considerações Finais 33
Referências 36

2 Avaliação cognitivo-comportamental 41
Margareth da Silva Oliveira
Karen P. Del Rio Szupszynski

Introdução 41
A entrevista 44
Symptom Check-List – SCL–90-R 45
Medidas de autorrelato: Escalas Beck 46
Young Schema Questionnaire — YSQ 47
Inventário de Expectativas e Crenças Pessoais acerca do Álcool — IECPA 49
Inventário de Habilidades Sociais — IHS 49
Automonitoramento 51
Avaliação neuropsicológica 52

Medidas fisiológicas 53
Considerações Finais 56
Referências 57

3 Terapia cognitivo-comportamental aplicada a crianças e adolescentes 61
Patricia Barros

O papel do desenvolvimento infantojuvenil
para as intervenções cognitivo-comportamentais 65
Peculiaridades e fatores de efetividade da TCC
no atendimento a crianças e adolescentes 72
Psicoeducação no atendimento com crianças
e adolescentes 86
Técnicas cognitivas 89
Técnicas comportamentais 94
Orientação à família... 98
Considerações Finais 103
Referências 105

Autores 113

CAPÍTULO 1

História, bases conceituais e prática da terapia cognitivo-comportamental

Eliane Mary de Oliveira Falcone

A terapia cognitivo-comportamental (TCC) surgiu no fim dos anos 1960. Entretanto, foi somente na década de 1970 que apareceram os primeiros registros sobre modificação cognitivo-comportamental (Dobson & Dosois, 2006).

A TCC surgiu como consequência de uma combinação de fatores, quais sejam: (a) movimento de insatisfação com modelo de intervenção estritamente comportamental, baseado nos paradigmas de aprendizagem do tipo estímulo-resposta (E-R); (b) rejeição aos modelos psicodinâmicos a partir de questionamentos relativos à sua eficácia; (c) desenvolvimento das ciências cognitivas (Dobson & Dosois, 2006; Falcone, 2006).

a) Insatisfação com os modelos do tipo E-R

A prática terapêutica baseada exclusivamente nos modelos de condicionamento não era suficientemente abrangente para permitir uma compreensão mais completa dos problemas emocionais que motivavam os indivíduos a buscar tratamento (Dobson & Block, 1988). Além disso, estudos apontavam a existência de métodos alternativos de mudança de comportamento além das contingências de reforçamento manifesto.

Bandura (1969, 2008) empregou o conceito de autoeficácia para mostrar que a expectativa da própria capacidade para realizar uma tarefa e obter resultados positivos é mais determinante da ocorrência do comportamento do que apenas a consequência deste (reforçamento). Vygotsky (1962, 1991) verificou que crianças eram capazes de aprender regras gramaticais, independentemente da utilização de reforço discriminativo por parte de seus pais e professores. Mahoney (1974) propunha que processos cognitivos mediavam o comportamento e que estes poderiam ser inferidos e sustentados cientificamente.

Em síntese, um conjunto de evidências indicou que o comportamento é mediado pelas crenças e expectativas sobre as próprias experiências. Assim, mesmo que uma pessoa seja bem-sucedida em uma situação, ela pode considerar, a partir de padrões elevados de desempenho, que fracassou, embora as consequências não confirmem o fracasso.

b) Rejeição aos modelos psicodinâmicos

As primeiras avaliações da eficácia das terapias de orientação psicodinâmica que se tem notícia foram realizadas por Eysenck, em 1952, com um trabalho intitulado *The effects of psychotherapy: an evaluation*. Nele, o autor não encontrou provas conclusivas de que a psicoterapia psicanalítica fosse mais efetiva que a remissão espontânea (melhora produzida sem nenhum tratamento específico) (Kazdin, 1983). Outros autores como Aaron Beck e Albert Ellis, vindos de uma tradição psicodinâmica, revelaram divergências filosóficas para com diversos princípios básicos desse modelo (Dobson & Block, 1988).

Beck (Beck, Rush, Shaw & Emery, 1982) começou a questionar o modelo psicanalítico em 1956, quando tentava validar a formulação psicanalítica da depressão. Uma vez que a hipótese da raiva retrofletida nas abordagens psicodinâmicas não se confirmou em seus estudos e que novos dados foram identificados (por exemplo, a tríade negativista da depressão), Beck embasou-se nas teorias cognitivas para melhor compreender e tratar a depressão. Ellis (1997) também relatou insatisfações com os efeitos do tratamento psicanalítico.

A rejeição aos modelos psicodinâmicos se deveu principalmente à falta de evidências que indicassem sua eficácia como uma abordagem de tratamento. Assim, procedimentos que priorizassem processos inconscientes oriundos da psicanálise, bem como material histórico e necessidade de tratamento de longa duração foram questionados e rejeitados (Dobson & Block, 1988).

c) Desenvolvimento das ciências cognitivas

A contribuição da psicologia geral sobre a importância dos aspectos cognitivos no funcionamento humano, aliada aos resultados crescentes de pesquisa e estabelecimento de vários conceitos da psicologia cognitiva experimental, exerceu forte influência na compreensão da ansiedade e da depressão. O modelo de processamento da informação, por exemplo, passou a ser utilizado nos construtos clínicos sobre mediação cognitiva da ansiedade. Tais construtos eram confirmados por dados de pesquisa mostrando que o processo da ansiedade incluía componentes cognitivos, chamando atenção para esses componentes na avaliação da etiologia da ansiedade. Consequentemente, muitos teóricos comportamentais passaram a redefinir seus limites e a incorporar fenômenos cognitivos aos modelos de mecanismo comportamental (Dobson & Block, 1988).

De acordo com Dobson e Scherrer (2004), a crescente identificação com uma orientação cognitivo-comportamental, fortalecida pelas pesquisas de resultados positivos das intervenções clínicas dessa orientação resultou em um *zeitgeist* que impulsionou o campo da terapia cognitivo-comportamental (TCC). A partir de então, vários estudos têm confirmado a eficácia da TCC, levando-a ao *status* de melhor validada dentre as demais abordagens psicoterápicas (Cottraux & Matos, 2007; Salkovskis, 2005).

O aumento da popularidade e da abrangência da TCC tem sido também confirmado por estudos indicando que esta foi a abordagem que mais obteve popularidade e crescimento nos últimos vinte anos (Norcross Hedges & Prochaska, 2002; Robins, Gosling & Craig, 1999). Serão apresentados neste capítulo os princípios teóricos e os procedimentos envolvidos no processo da TCC.

Bases teóricas da TCC e suas implicações para o tratamento

A abordagem cognitivo-comportamental reúne representantes de diferentes tradições teóricas. Enquanto Beck e Ellis vieram de uma orientação psicanalítica, Goldfried, Meichenbaum e Mahoney foram treinados na abordagem comportamental. Assim, é natural que a TCC compartilhe diversos princípios teóricos fundamentais, mas também apresente diferenças de princípios e procedimentos (Dobson & Sherrer, 2004).

A premissa básica da TCC está relacionada à afirmação de que um processo interno e oculto de cognição influencia as emoções e comportamentos de uma pessoa. Um mesmo evento pode ser interpretado por diferentes indivíduos como agradável, ameaçador ou hostil. A depender dessa interpretação, um indivíduo poderá se sentir satisfeito, amedrontado, enraivecido ou deprimido e, consequentemente, se comportar de forma espontânea, retraída ou agressiva (Falcone, 2006). A implicação clínica para essa premissa corresponde à possibilidade da atividade cognitiva ser identificável e acessível, mesmo que inicialmente o indivíduo não esteja consciente desta. Como consequência, a atividade cognitiva pode ser avaliada e posteriormente modificada. Essa mudança, por sua vez, influenciará e será influenciada pela emoção e pelo comportamento (Dobson & Block, 1988).

As diferenças entre os vários modelos teóricos cognitivo-comportamentais residem principalmente no papel das cognições e emoções. A terapia cognitiva de Beck (1982) e a terapia racional emotivo-comportamental de Ellis (1997) enfatizam as cognições como mediadoras do comportamento e das emoções, embora essas últimas também possam influenciar as primeiras.

Já os autores de enfoque cognitivo-construtivista (Guidano & Liotti, 1983; Mahoney, 1998, & Neimeyer, 1997) defendem o papel das emoções como preponderantes na influência do comportamento. Outra diferença refere-se ao caráter racionalista atribuído ao enfoque cognitivo-comportamental, o qual é questionado pelos construtivistas, na medida em que, para esses últimos, não caberia a atribuição às cognições como acuradas ou não. Assim, os pressupostos filosóficos que indiquem um mundo externo percebido como correto ou incorreto são vistos com ceticismo pelos construtivistas (Dobson & Sherrer, 2004).

A variedade de modelos de abordagem cognitivo-comportamental tem levado alguns autores a classificar esses modelos de acordo com suas origens, seus princípios filosóficos, teóricos e sua prática clínica. Uma classificação que baseou um estudo brasileiro (Rangé, Falcone & Sardinha, 2007) é a de Caro Gabalda (1997), em que são identificados três diferentes tipos de modelos: de reestruturação cognitiva, cognitivo-comportamentais e construtivistas.

Os modelos de reestruturação cognitiva são representados pelas primeiras terapias cognitivas de Beck e cols. (1982) e de Ellis (1997). O foco está na crença e na avaliação da racionalidade desta. A terapia consiste em realizar estratégias que modifiquem as atividades defeituosas do processamento da informação presente nos transtornos psicológicos.

Os modelos cognitivo-comportamentais se originam nas terapias comportamentais que utilizam estratégias de solução de problemas e são representados por teóricos com treinamento comportamental (Barlow & Cerny, 1999; Lineham, 1993; Meichenbaum, 1997). O pensamento é conceituado como um conjunto de autoenunciados encobertos, os quais também podem ser influenciados pelas mesmas leis do condicionamento. A terapia busca ensinar habilidades cognitivas específicas.

Ambos os modelos acima compartilham de muitos aspectos comuns, que são: (a) atribuição dos transtornos emocionais a disfunções no processamento cognitivo; (b) foco nos problemas específicos e na mudança da cognição para que ocorra a mudança do afeto; (c) a terapia é de tempo limitado ou mais reduzido que as outras modalidades de psicoterapia; (d) o tratamento possui um estilo educativo (Caro Gabalda, 1997).

Os modelos construtivistas, representados por Guidano e Liotti (1983), Mahoney (1998) e Neimeyer (1997) consideram que os seres humanos são participantes proativos em suas experiências e seus conhecimentos são interpessoais, evolutivos e proativos. Seu caráter auto-organizador favorece a manutenção dos padrões experienciais. Enquanto a avaliação racional é vista nos dois modelos anteriores como ferramenta para a obtenção do equilíbrio emocional, na visão construtivista a cognição vai além da mera representação interna do mundo externo. Em outras palavras, "o mundo interno de significados é uma construção pessoal, ímpar, idiossincrática, sentida e não exclusivamente pensada" (Abreu, 2011, p. 42).

Caro Gabalda (1997) ressalta a possibilidade de integração entre esses três modelos cognitivo-comportamentais. De fato, uma publicação de Safran (2002) constitui uma contribuição nesse sentido, quando propõe a ampliação dos limites da terapia cognitiva, ao considerar aspectos relevantes da relação terapêutica como ingrediente ativo de mudança, bem como a identificação de padrões disfuncionais de interação do cliente.

Uma abordagem de tratamento mais recente criada por Jeffrey Young (Young, Klosko & Weishaar, 2003), conhecida como terapia do esquema, reúne algumas características dos três modelos citados anteriormente. A partir da contribuição de autores construtivistas e de outras orientações psicoterápicas, Young construiu um modelo conceitual e prático de tratamento cognitivo-comportamental que compreende a relação terapêutica como um ingrediente ativo de mudança, além de focalizar a emoção e as experiências desenvolvimentais de vinculação no entendimento da formação e manutenção dos esquemas. Ao mesmo tempo, o autor se utiliza de muitas técnicas oriundas da terapia cognitiva, além do trabalho educativo, das tarefas e dos procedimentos comportamentais (Young & cols., 2003).

Considerando-se que os clientes que procuram terapia apresentam diferentes problemas e demandas, parece plausível pensar que esses modelos podem ser utilizados, de forma independente ou integrados, para atender a essas demandas. Em um estudo realizado com terapeutas brasileiros, verificou-se que um percentual considerável desses profissionais (36%) utiliza uma combinação dos modelos de reestruturação cognitiva e cognitivo-comportamentais enquanto outros usam uma combinação dos enfoques de reestruturação cognitiva e construtivista (8%) (Rangé & cols., 2007). Tais resultados sugerem que esses modelos de intervenção podem ser utilizados de forma integrada no tratamento de problemas mais complexos. Entretanto, mais pesquisas são necessárias para avaliar quais tratamentos ou combinações de tratamento são mais eficazes para que grupos de clientes.

Principais atributos da TCC

A Organização Mundial da Saúde tem demandado dos profissionais a prática de tratamentos eficazes (baseados em evidência) e de curto prazo para os problemas de saúde mental. Assim, a TCC vem se destacando como uma abordagem que mais atende a essa demanda, pela sua forte preocupação com os resultados empíricos dos procedimentos clínicos, tornando-se o tratamento psicológico preferido para os problemas relacionados a depressão, ansiedade, transtornos da personalidade, dor crônica, adicção, sofrimento nos relacionamentos, entre outros (Dobson & Dobson, 2010).

Gazzaniga e Heatherton (2005) apontam a TCC como a abordagem mais eficaz no tratamento dos transtornos da ansiedade, do humor e da personalidade. Mais recentemente, os achados de eficácia da TCC têm se estendido para o tratamento de transtornos mentais graves, como a esquizofrenia e o transtorno bipolar (Wright, Turkington, Kingdon & Basco, 2010). Alguns atributos descritos a seguir caracterizam a prática da TCC e podem contribuir para a sua eficácia.

a) **Caráter diretivo:** A TCC constitui-se como uma abordagem focalizada na mudança. Assim, cabe ao terapeuta orientar a terapia propondo hipóteses, encorajando o cliente na autodescoberta e no enfrentamento de situações difíceis (Freeman & Dattilio, 2004). Essa demanda pode implicar em resistência do cliente, exigindo habilidades interpessoais do clínico durante o processo psicoterápico para evitar que um grau excessivo de diretividade provoque desistência do tratamento (Falcone, 2011; Newman, 2007).

Por outro lado, a resistência é compreendida como oportunidade para a obtenção de informações valiosas sobre os clientes e seus conflitos

(Newman, 2007). Além disso, estudos sugerem que um grau moderado de resistência indica efeitos positivos no tratamento e que baixa resistência, por sua vez, se relaciona à baixa diretividade terapêutica e a efeitos negativos no tratamento (Bischoff & Tracey, 1995; Newman, 2007).

Em síntese, ao mesmo tempo em que é empático com a resistência do cliente, o terapeuta conduz a terapia utilizando-se de seus conhecimentos para incentivá-lo a reconhecer as dificuldades que o impelem a manter o *status quo*, ajudando-o a refletir sobre as vantagens e desvantagens de permanecer com seus padrões disfuncionais. Esse procedimento baseia-se na premissa de que a mudança não é decorrente apenas de um processo interno, uma vez que, se assim fosse, não haveria necessidade de terapeutas. Além disso, é responsabilidade do terapeuta lançar mão dos seus conhecimentos para ajudar o cliente a refletir sobre as barreiras que o paralisam e que o mantêm no *status quo* (Newman, 2002).

b) **Estilo colaborativo:** A participação ativa do cliente no processo terapêutico representa uma condição essencial para a adesão e os efeitos positivos do tratamento. O terapeuta integra seus conhecimentos teóricos e empíricos aos aspectos da história pessoal, situação de vida atual, crenças, emoções e comportamentos do cliente para criar uma conceituação de caso única (Kuyken, Padesky & Dudley, 2010). Ao mesmo tempo, o cliente participa desse entendimento fornecendo dados complementares, concordando ou discordando das hipóteses do terapeuta. O trabalho integrado contribui para a formulação do problema do cliente e para a conceituação cognitiva (hipótese que integra as crenças do cliente às suas emoções e a seus padrões comportamentais que originaram e que mantêm os problemas).

c) **Psicoeducação:** Um dos principais atributos da TCC envolve o desenvolvimento de habilidades de enfrentamento do cliente. Nesse sentido, este deve aprender capacidades para reconhecer e modificar os próprios padrões cognitivos, emocionais e comportamentais que mantêm seus problemas. Mais que obter alívio do seu sofrimento, o cliente deve aprender a se tornar um terapeuta de si mesmo, para lidar com as demandas presentes e futuras (Freeman & Dattilio, 2004).

Para que isso se torne possível, o terapeuta orienta o cliente a respeito da lógica do tratamento, assim como sobre os problemas deste. O modelo psicoterapêutico é totalmente acessível ao cliente que aos poucos se torna experiente e autônomo no processo de autorreflexão (identificação de crenças, emoções, comportamentos e consequências), de solução de problemas e de exploração de diferentes formas de compreender as situações desafiadoras. A interação educativa entre o terapeuta e o paciente é uma faceta que caracteriza a TCC, diferenciando-a das outras escolas de psicoterapia (Dobson & Dozois, 2006).

As tarefas entre as sessões constituem um recurso importante desse estilo psicoeducacional da TCC, na medida em que o cliente leva suas reflexões e seus *insights* experienciados durante as sessões para o contexto de vida diária. Ao realizar registros de pensamentos, sentimentos e comportamentos ante a situações desafiadoras, por exemplo, ele pode praticar as habilidades aprendidas nas sessões e potencializar as habilidades de enfrentamento.

d) **Natureza breve da terapia:** Os protocolos de pesquisa que avaliam a eficácia da TCC requerem um período reduzido de tratamento (geralmente em torno de doze a vinte sessões), para atestar se os resultados se relacionam à intervenção e não a outros fatores externos ao tratamento (Freeman & Dattilio, 2004). Entretanto, com o crescimento da demanda por essa abordagem de tratamento, a clínica cognitivo-comportamental ocorre em uma variedade de ambientes, como clínica privada, clínicas ambulatoriais, terciárias e de cuidado especial, além de programas comunitários (Dobson & Dobson, 2010), fazendo que a duração da terapia, assim como a frequência e o tempo das sessões sejam negociáveis e ajustados às demandas dos pacientes.

Outros fatores que interferem na duração da terapia dependem dos problemas a serem trabalhados, das habilidades do paciente e do terapeuta, do tempo disponível para a terapia e dos recursos financeiros (por exemplo, planos de saúde) que interferem nos parâmetros do tratamento (Freeman & Dattilio, 2004). Quando existem outros problemas comórbidos, tais como transtornos da personalidade, o tratamento pode ter duração maior (cerca de dois a três anos) (Young & cols., 2003). Mesmo assim, o tempo de duração médio do tratamento baseado na abordagem cognitivo-comportamental na prática privada é de um a dois anos.

O papel da relação terapêutica na TCC

O reconhecimento de uma boa aliança terapêutica como uma condição fundamental para a mudança constitui um consenso entre os terapeutas cognitivo-comportamentais. Nesse sentido, o terapeuta deve ter um domínio da teoria e do manejo das técnicas de tratamento, mas também precisa integrar esses conhecimentos às suas habilidades interpessoais (empatia, percepção aguçada de pequenos sinais de ruptura terapêutica) as quais facilitarão a autorrevelação e a adesão do cliente às técnicas, favorecendo a mudança (Falcone, 2011). A psicoterapia é compreendida como um processo de influência social mútua entre terapeuta e cliente (Mahoney, 1998), cabendo ao profissional reconhecer esse processo.

O papel da relação terapêutica é essencial no tratamento de pacientes difíceis, muitos dos quais apresentam transtorno da personalidade. Esses pacientes apresentam muitos problemas interpessoais e, embora desejando o vínculo, pensam, sentem e agem de forma a impedi-lo. Assim, eles se comportam de forma hostil, manipuladora, rejeitadora ou dependente, demandando mais esforço e habilidades do terapeuta. Esse padrão de funcionamento interpessoal provoca reação negativa e rejeição das outras pessoas e se manifesta com frequência na relação com o terapeuta (Leahy, 2007). Nesse sentido, a relação terapêutica se torna um ingrediente ativo de mudança (Falcone, 2011).

Os padrões interpessoais disfuncionais manifestados pelos pacientes difíceis costumam ativar sentimentos negativos e estresse no terapeuta. Dessa forma, este deve ser capaz de reconhecer os próprios sentimentos e crenças ativados pelo seu cliente e agir de uma forma construtiva, sendo empático com o estilo interpessoal do cliente e, ao mesmo tempo, ajudando-o a avaliar os prós e os contras desse estilo em sua vida (para uma revisão mais detalhada, ver Falcone, 2011, Leahy, 2001, Young & cols., 2003).

Em síntese, a relação terapêutica promove oportunidades de crescimento pessoal, tanto para o cliente quanto para o terapeuta. Entretanto, para que isso ocorra, é necessário que o segundo seja capaz de reconhecer (e trabalhar com) a contratransferência na terapia (Falcone, 2011).

Considerações finais

O desenvolvimento da medicina e da psicoterapia baseada em evidências tem favorecido uma crescente demanda pela TCC por parte das instituições clínicas e dos usuários de psicoterapia. Assim, os padrões de residência psiquiátrica da American Psychiatric Association, bem como os padrões de abonação de treinamentos de psicólogos clínicos nas associações psicológicas norte-americanas e canadenses, exigem que estes treinem seus alunos na prática de tratamentos empiricamente sustentados (Dobson & Dobson, 2010).

Na Inglaterra, segundo Salkovskis (1999), há uma exigência do Colégio de Psiquiatras de que esses profissionais devam tratar de vários casos supervisionados com terapia cognitiva para que possam obter seus títulos. Em estudo que avaliou as preferências de psicólogos espanhóis, verificou-se que a orientação psicoterápica dominante na Espanha é a TCC (Buela-Casal, Alvarez-Castro & Sierra, 1993).

A popularidade da TCC no Brasil tem se revelado pela crescente publicação de autores brasileiros, assim como pela profusão de livros traduzidos sobre essa área. A fundação em 2005 da *Revista Brasileira de Te-*

rapias Cognitivas (RBTC), organizada pela Federação Brasileira de Terapias Cognitivas (FBTC), também representa um avanço no aumento da abrangência dessa abordagem.

Uma vez que a bibliografia sobre TCC se torna cada vez mais acessível ao público leigo por meio de entrevistas e reportagens em jornais e revistas, a demanda do público usuário de psicoterapia pela TCC tem crescido em um percentual bem maior que o de profissionais habilitados para atender a essa procura (Dobson & Dobson, 2010). Tal realidade pode gerar riscos de uma prática da TCC pouco eficiente, praticada por profissionais treinados de forma deficiente.

Dobson e Dobson (2010) também chamam atenção para o fato de que alguns clínicos utilizam as técnicas da TCC no contexto de outro tipo de abordagem de tratamento, quando não adotam um procedimento eclético, sem, contudo utilizar a formulação e a conceituação de caso, as quais constituem as bases do trabalho dessa abordagem. Muitos desses profissionais consideram, de forma equivocada, que a TCC é uma abordagem baseada em técnicas e que basta aprendê-las e utilizá-las em seus clientes.

Concluindo, a TCC é um sistema de psicoterapia fundamentado em teorias muito bem elaboradas e sustentadas empiricamente. Sua prática requer considerável domínio no conhecimento dessas teorias, além de uma grande familiaridade com a formulação e conceituação de casos. É essa capacitação que distingue o profissional de TCC e que o torna habilitado a decidir se e quando usará que tipo de técnica. Do contrário, a terapia se tornará uma prática de tentativas baseadas no ensaio e erro, o que provavelmente levará ao fracasso do tratamento, trazendo mais prejuízos que ganhos aos clientes.

Referências

ABREU, C. N. (2011). Psicoterapia cognitivo-construtivista. Em B. Rangé (Org.). *Psicoterapias cognitivo-comportamentais. Um diálogo com a psiquiatria*. 2ª Ed. (pp. 40-66). Porto Alegre: Artmed.

BANDURA, A. (1969). *Modificação do comportamento*. Rio de Janeiro: Editora Interamericana.

BANDURA, A. (2008). A evolução da teoria social cognitiva. Em: A. Bandura; R. G. Azzi & S. Polydoro (Orgs.). *Teoria social cognitiva* (pp. 15-41). Porto Alegre: Artmed.

BARLOW, D. H., & Cerny, J. A. (1999). *Tratamento psicológico do pânico*. Porto Alegre: Artmed.

BECK, A. T.; Rush, A. J.; Shaw, B. F., & Emery, G. (1982). *Terapia cognitiva da depressão*. Rio de Janeiro: Zahar.

BUELA-CASAL, G.; Álvares-Castro, S.; Sierra, J. C. (1993). Perfil de los psicólogos de la ultima promocion de las universidades españolas. *Psicología Conductual*, 1, 181-206.

CARO GABALDA, I. (1997). Las psicoterapias cognitivas: modelos básicos. Em: I. Caro (Org.). *Manual de psicoterapias cognitivas* (pp. 37-52). 3ª Ed. Barcelona: Paidós.

COTTRAUX, J., & Matos, M. G. (2007). Modelo europeu de formação e supervisão em Terapias Cognitivo-Comportamentais (TCCs) para profissionais de saúde mental. *Revista Brasileira de Terapias Cognitivas*, 3, 49-61.

DOBSON, D., & Dobson, K. S. (2010). *A terapia cognitivo-comportamental baseada em evidências*. Porto Alegre: Artmed.

DOBSON, K. S., & Block, L. (1988). Historical and philosophical bases of the cognitive-behavioral therapies.

In: K. S. Dobson (Org.) *Handbook of Cognitive-behavioural Therapies.* (pp. 3-38). New York: Guilford.

DOBSON, K. S., & Dosois, D. J. A. (2006). Fundamentos históricos e filosóficos das terapias cognitivo-comportamentais. Em K. S. Dobson (Org.). *Manual de terapias cognitivo-comportamentais.* 2ª Ed. (pp. 17-43). Porto Alegre: Artmed.

DOBSON, K. S. & Scherrer, M. C. (2004). História e futuro das terapias cognitivo-comportamentais. In: P. Knapp (Org.) *Terapia cognitivo-comportamental na prática psiquiátrica.* (pp. 42-57). Porto Alegre: Artmed.

ELLIS, A. (1997). El estado de la cuestión en la terapia racional-emotiva-conductual. Em: I. Caro (Org.). *Manual de psicoterapias cognitivas* (pp. 91-101). 3ª Ed. Barcelona: Paidós.

FALCONE, E. M. O. (2006). As bases teóricas e filosóficas das abordagens cognitivo-comportamentais. Em: A. M. Jacó-Vilela; A. A. L. Ferreira & F. T. Portugal (Orgs.). *História da Psicologia. Rumos e percursos* (pp. 195-214). Rio de Janeiro: Nau Editora.

FALCONE, E. M. O. (2011). Relação terapêutica como ingrediente ativo de mudança. Em B. Rangé (Org.). *Psicoterapias cognitivo-comportamentais. Um diálogo com a psiquiatria.* 2ª Ed. (pp. 145-154). Porto Alegre: Artmed.

FREEMAN, A., & Dattilio, F. M. (2004). Introdução. Em F. M. Dattilio & A. Freeman (Orgs.). *Estratégias cognitivo-comportamentais de intervenção em situações de crise.* 2ª Ed. (pp. 19-36). Porto Alegre: Artmed.

GAZZANIGA, M. S., & Heatherton, T. F. (2005). *Ciência psicológica. Mente, cérebro e comportamento.* Porto Alegre: Artmed.

GUIDANO, V. E., & Liotti, G. (1983). *Cognitive processes and emotional disorders: a structural approach to psychotherapy*. New York: Guilford.

KAZDIN, A. E. (1983). *Historia de la modificación de conducta*. Bilbao: Desclée de Brouwer.

KUYKEN, W.; Padesky, C. A., & Dudley, R. (2010). *Conceitualização de casos colaborativa. O trabalho em equipe com pacientes em terapia cognitivo-comportamental*. Porto Alegre: Artmed.

LEAHY, R. L. (2001). *Overcoming resistance in cognitive therapy*. New York: Guilford.

LEAHY, R. L. (2007). Schematic mismatch in the therapeutic relationship: A social-cognitive model. Em P. Gilbert, & R. Leahy (Orgs.). *The therapeutic relationship in the cognitive behavioral psychotherapies* (pp. 229- 254). New York: Routledge.

LINEHAN, M. M. (1993). *Cognitive-behavioral treatment of borderline personality disorder*. New York: Guilford.

MAHONEY, M. J. (1974). *Cognition and Behavior Modification*. Cambridge: Ballinger Publishing Company.

MAHONEY, M. J. (1998). *Processos humanos de mudança. As bases científicas da psicoterapia*. Porto Alegre: Artmed.

MEICHENBAUM, D. (1997). El estado de la cuestión en la modificación cognitivo-conductual. Em: I. Caro (Org.). *Manual de psicoterapias cognitivas* (pp. 149-156). 3ª Ed. Barcelona: Paidós.

NEIMEYER, R. A. (1997). Psicoterapias construtivistas: características, fundamentos e futuras direções. Em: R.

A. Neimeier & M. J. Mahoney (Orgs.). *Construtivismo em psicoterapia* (pp. 15-37). Porto Alegre: Artes Médicas.

NORCROSS, J. C.; Hedges, M., & Prochaska, J. O. (2002). The face of 2010: A Delphi Poll on the future of psychotherapy. *Professional psychology: research and practice*, 33, 316-322.

RANGÉ, B. P.; Falcone, E. M. O., & Sardinha, A. (2007). História e panorama atual das terapias cognitivas no Brasil. *Revista Brasileira de Terapias Cognitivas, 3,* 53-68.

ROBINS, R. W.; Gosling, S. D., & Craik, K. H. (1999). An empirical analysis of trends in psychology. *American Psychologist (APA)*, 54, 117-128.

SAFRAN, J. D. (2002). *Ampliando os limites da terapia cognitiva: o relacionamento terapêutico, a emoção e o processo de mudança*. Porto Alegre: Artmed.

SALKOVSKIS, P. (1999). Entrevista de clinica psicologica con Paul Salkivskis. *Revista Argentina de Clínica Psicológica*, 8, 183-187.

VYGOTSKY, L. S. (1962). *Thought and language*. Cambridge: M.I.T.

VIGOTSKY, L. S. (1991). Aprendizagem e desenvolvimento intelectual na idade escolar. Em: L. S. Vigotsky; A. R. Luria & A. N. Leontiev (Orgs.). *Linguagem, desenvolvimento e aprendizagem* (pp. 103-117). 3ª Ed. São Paulo: Ícone Editora.

WRIGHT, J.; Turkington, D.; Kingdon, D.G., & Basco, M. R. (2010). *Terapia cognitivo-comportamental para doenças mentais graves*. Porto Alegre: Artmed.

YOUNG, J. E.; Klosko, J. S., & Weishaar, M. E. (2003). *Schema therapy. A practitioner's guide*. New York: Guilford.

CAPÍTULO 2

Avaliação cognitivo-comportamental

Margareth da Silva Oliveira
Karen P. Del Rio Szupszynski

Introdução

A terapia cognitivo-comportamental (TCC) caracteriza-se: por ser estruturada; com participação ativa do terapeuta e paciente; e por ser voltada para o presente. Para que estes e outros princípios da TCC possam ser executados com sucesso, é necessária detalhada e fidedigna formulação do caso. Essa formulação diz respeito à avaliação das queixas e dos sintomas do paciente, exigindo do terapeuta ampla compreensão do fenômeno que se apresenta. A formulação deve seguir diferentes etapas, dentre as quais o terapeutas poderá aplicar diferentes instrumentos para avaliar de forma correta as necessidades do paciente.

Conforme Dobson e Dobson (2009) uma avaliação psicológica pode apresentar muitos objetivos como a avaliação intelectual ou cognitiva, a avaliação de déficits cognitivos, ou do funcionamento da personalidade, além de auxiliar no diagnóstico dos pacientes. De acordo com Kirk (1997), o objetivo de uma avaliação é examinar como e por que a pessoa se comporta de certas maneiras, que são determinadas por situações específicas e pelas interpretações que faz delas. A forma como cada um se comporta e os motivos pelos quais esses comportamentos são expressos são o foco da avaliação cognitiva e nortearão a ênfase em problemas específicos. A autora ainda afirma que avaliação "é estabelecer uma formulação e um plano de tratamento de comum acordo com o paciente" (Kirk, 1997, p. 23). Construir a conceituação do caso junto com o paciente o auxilia no aprendizado do modelo cognitivo, e pode beneficiar na psicoeducação em relação ao diagnóstico e ao tratamento.

De acordo com os princípios da terapia cognitiva, a avaliação torna-se um diferencial no processo terapêutico, já que conduzirá o diagnóstico e as melhores técnicas que se adaptem ao caso. É importante lembrar que a avaliação, tanto por meio de instrumentos quanto por meio de entrevista, deve ser constantemente revista pelo terapeuta. A permanente reavaliação do entendimento do caso contribui para reflexões mais aprofundadas sobre as dificuldades do paciente e fornece subsídios mais concretos para um plano de tratamento eficaz.

A avaliação cognitivo-comportamental tem papel educativo e ressalta a possibilidade de mudança. Os problemas são classificados em diferentes categorias de respostas e a aferição desses problemas deve ocorrer não só no início do processo, mas durante as sessões. Por exemplo, durante a sessão pode-se avaliar o nível de ansiedade no momento em que se trabalha um tipo de fobia específica, e deixar como tarefa de casa que o paciente olhe e traga fotos do objeto fóbico. Na sessão seguinte, avalia-se novamente a intensidade dos sintomas da ansiedade em relação a essa fobia e, dessa forma, a avaliação orienta em relação à efetividade da técnica utilizada (McDermut, 2009; Malouff, 2009).

A avaliação visa à identificação do que pode estar mantendo o problema e precisa ser modificado. Ao se avaliar os problemas, é preciso analisar quatro categorias de respostas: fisiológica, comportamental, cognitiva e emocional que serão abordadas ao longo do texto (Kirk, 1997).

Na hora de optar por uma escala, o terapeuta deve estar atento às características psicométricas da mesma, pois a escolha do clínico pode ser baseada, por exemplo, no tempo em que se é gasto para a aplicação do teste. Caso o terapeuta utilize com frequência determinada bateria (que, por exemplo, avalie o funcionamento emocional e comportamental), medidas mais curtas, talvez, preferíveis. Diante disso, é importante avaliar a utilidade de cada teste e/ou escala e a aplicabilidade em diferentes ambientes ou populações.

Diante disso, este capítulo está dividido em diferentes formas de avaliar o paciente seguindo os preceitos da terapia cognitiva. Serão abordados instrumentos e técnicas que podem beneficiar a realização de uma avaliação completa e relevante para cada caso.

A entrevista

Uma boa avaliação é composta por inúmeras etapas, dentre elas a entrevista que pode ser conduzida de diferentes formas. O terapeuta pode optar por entrevistas mais estruturadas ou mais livres, dependendo dos objetivos propostos. Existem alguns protocolos de entrevistas que são comercializados para auxiliar tecnicamente o terapeuta a determinar o diagnóstico que o cliente possui. São exemplos de entrevistas diagnósticas: a SCID – Structured Clinical Interview for DSM-IV Axis Disorders (First, Spitzer, Gibbon & Williams, 1997); e a Mini – Mini-International Neuropsychiatric Interview, versão 5.0 (Sheehan *et al.*, 1998).

Entrevistas estruturadas como as mencionadas anteriormente exigem detalhados treinamentos e podem ser pouco práticas em certos ambientes. Essas entrevistas são métodos confiáveis e válidos que garantem a descrição dos sintomas e possíveis transtornos apresentados pelo paciente.

Segundo Dobson e Dobson (2009, p. 24), é importante ainda que outras questões sejam feitas na entrevista inicial, para que possam ser captadas informações relevantes para a conceituação cognitivo-comportamental. São elas:

a) O problema que faz que o paciente busque terapia neste momento;

b) Os gatilhos e consequências de seus problemas;

c) As reações do paciente quando está apresentando seus sintomas;

d) Padrões atuais de enfrentamento e evitação de situações;

e) Déficits de habilidades ou falta de conhecimento para lidar com determinadas situações;

f) Suporte social, preocupações com a família e problemas interpessoais;

g) Outros problemas pessoais que o paciente acredite ser relevante;

h) Histórico de tratamentos anteriores (se houverem).

Symptom Check-List – SCL–90-R

O SCL-90-R é um questionário desenvolvido por Degoratis, em 1975, para avaliar sintomas psicológicos presentes no paciente. Esse instrumento foi validado no Brasil por Sardá em 2000 com o nome de Inventário de Sintomas (Sardá, Legal & Jablonski, 2004).

O SCL-90-R é composto por noventa afirmativas, as quais o paciente terá cinco opções de resposta: nunca, um pouco, moderadamente, frequentemente e extremamente. As respostas são divididas em nove escalas: somatização, obsessão-compulsão, sensibilidade interpessoal, depressão, ansiedade, hostilidade, ansiedade fóbica, ideação paranoide, distúrbio afetivo; e três índices globais: de severidade global, de sintomas positivos estressantes e total de sintomas positivos (Sardá, Legal & Jablonski, 2004).

O SCL-90-R é um instrumento amplamente utilizado para avaliações psiquiátricas e de pacientes em processo terapêutico. As pesquisas que mostram dados do processo de validação obtiveram bons resultados psicométricos do teste (Sardá, Legal & Jablonski, 2004).

Medidas de autorrelato: Escalas Beck

As escalas Beck são constituídas por quatro importante escalas: BDI, BAI, BHS e BSI. Essas escalas foram criadas nas décadas de 1970 e 1980 por Beck e colaboradores e foram validadas no Brasil por Jurema Cunha em 2001. O Inventário de Depressão de Beck (BDI) avalia a intensidade dos sintomas depressivos e ressalta aspectos mais graves que requerem uma intervenção imediata. Com o inventário é possível identificar pensamentos negativos, visão de si como fracassado ou desejos suicidas. Já o Inventário de Ansiedade de Beck (BAI) avalia a intensidade dos sintomas de ansiedade. Assim, o paciente participa ativamente na identificação dos seus problemas e cria estratégias para resolução (Beck *et al*, 1997).

A Escala de Desesperança de Beck (BHS) é uma medida da dimensão do pessimismo, isto é, de expectativas negativas em relação ao futuro. No caso de pacientes depressivos, a medida torna-se fundamental, já que fornece informações sobre crenças disfuncionais que podem ter impacto no tratamento. Da mesma forma, é importante avaliar a ideação suicida com a Escala de Ideação Suicida Beck (BSI), que é um instrumento clínico com esse objetivo. A BSI engloba itens referentes ao desejo de viver ou morrer, razões para viver ou morrer, tentativas de suicídio, duração das ideias de suicídio, probabilidade de tentativa real, entre outros aspectos. Sua aplicação não substitui uma avaliação clínica do risco de suicídio nem deve ser considerado única fonte de obtenção desses dados, mas o instrumento pode complementar informações sobre o quadro clínico investigado.

Young Schema Questionnaire — YSQ

O uso de medidas de crenças irracionais (crenças disfuncionais) é uma maneira útil para identificar alterações e para medir a eficácia de intervenções específicas para facilitar as mudanças desejadas (Terjesen *et al*, 2009). É um método utilizado tanto no início quanto no decorrer do processo terapêutico.

Se o terapeuta procura identificar os padrões específicos de crenças de um cliente, talvez uma escala seja um método mais eficiente. As escalas normalmente fornecem informações mais detalhadas sobre o comportamento problema específico, e tendem a ser mais confiáveis, mas exigem mais tempo para administrar e pontuação.

Young (2003) propõe que na sessão inicial devam ser identificados sintomas e problemas do paciente, assim como obter informações sobre sua história de vida. O autor explica que, na medida em que o terapeuta consegue identificar determinadas crenças, deve ficar alerta para a ativação destas durante a sessão. Ao investigar os esquemas iniciais desadaptativos (EIDs), é importante também focar em esquemas centrais para trabalhar o processo de mudança. Para que o terapeuta tenha mais facilidades de identificar os EIDs e trabalhar mecanismos de evitação/manutenção dos esquemas, o autor desenvolveu questionários – como o YSQ, que identifica os EIDs, o Inventário de Evitação de Young-Rygh (YRAI), o Inventário de Compensação de Young (YCI), e o Inventário Parental de Young (YPI) – com o intuito de fornecer informações da infância e adolescência do paciente.

O YSQ–S2, isto é, na sua forma reduzida com 75 itens, foi validado no Brasil para a população geral com 372 sujeitos, demonstrando boa confiabilidade e consistência interna. Também foram realizados estudos para a população clínica de alcoolistas, na qual o instrumento demonstrou ser sensível na comparação entre grupos clínicos e não clínicos (Cazassa & Oliveira, 2008; Silva, Gauer & Oliveira, 2009).

Inventário de Expectativas e Crenças Pessoais acerca do Álcool — IECPA

O Inventário de Expectativas e Crenças Pessoais acerca do Álcool (IECPA) é um instrumento de autorrelato, de fácil aplicação, que pode ser utilizado com finalidades clínico-assistenciais e na área de pesquisa (Gouveia, *et al.*, 1996). O IECPA foi validado no Brasil por Werlang e Oliveira (Gouveia *et al.*,1996).

Os resultados de pesquisas ressaltam a importância da avaliação das expectativas pessoais sobre os efeitos do álcool, não só para a compreensão do consumo de álcool e a dependência dessa substância, como também para consubstanciar as estratégias de intervenção terapêutica e a prevenção de recaídas.

Inventário de Habilidades Sociais — IHS

O Inventário de Habilidades Sociais (Del Prette & Del Prette, 2001) vem sendo utilizado para identificar o repertório de habilidades sociais do indivíduo em uma amostra de situações interpessoais cotidianas, avaliando possíveis déficits. Os resultados obtidos podem ser usados para implementar programas de intervenção, principalmente preventivos, de treinamento das habilidades.

Por meio de uma avaliação completa, na qual um instrumento como o IHS pode ser usado, o terapeuta pode escolher as técnicas que mais se ajustem às necessidades do paciente e direcionar de forma correta o andamento do tratamento.

Existe também o Caso-A30 Cuestionario de Ansiedad Social para Adultos/Caso-A30 (Caballo *et al.*, 2010) que é composto por trinta questões, com o objetivo de identificar a presença de ansiedade social na população geral e clínica. É uma escala do tipo Likert com 5 pontos, com variações de nenhum ou muito pouco (1), pouco (2), médio (3), bastante (4), muito ou muitíssimo (5). O estudo original do Caso-A30 apresentou uma estrutura de cinco fatores: Fator 1 – Interação com o sexo oposto, Fator 2 – Estar em evidência e fazer papel de ridículo, Fator 3 – Interação com pessoas desconhecidas, Fator 4 – Falar em público e interação com pessoas em posição de autoridade, e Fator 5 – Expressão assertiva de incômodo, desagrado ou tédio. Os estudos de fidedignidade do Caso-A30 em sua versão original apresentaram elevada consistência interna, com um coeficiente Alpha de Cronbach com valor $\alpha = 0,97$ (Wagner, 2011).

Automonitoramento

O automonitoramento refere-se à capacidade do paciente perceber as próprias ações, o efeito causado pelas mesmas e buscar melhorar seus comportamentos e pensamentos no futuro. Permite o reconhecimento de tendências cognitivas, erros técnicos e reações emocionais podendo facilitar a autocorreção e o desenvolvimento da relação terapêutica. Epstein (2008) destaca fatores importantes para ao automonitoramento, como a motivação, a atenção, curiosidade, além de ressaltar o aspecto colaborativo do paciente. É um método de avaliação que pode ser utilizado em qualquer momento do processo terapêutico.

A checagem do humor, por exemplo, ajuda a avaliar quanto o paciente tem progredido. Além disso, permite que o terapeuta identifique problemas não relatados verbalmente pelo paciente, como dificuldades para dormir, irritabilidade aumentada e sentimento de fracasso (Beck, 1997). Alguns pacientes podem apresentar dificuldades para nomear suas emoções, sendo necessário trabalhar com um quadro de emoções, em que o paciente possa classificá-las nomeando e em grau de intensidade.

Vázquez (2003) postula que nas primeiras sessões é importante que o paciente possa distinguir entre situações, pensamentos, emoções e comportamentos. No automonitoramento o registro das emoções é necessário, no qual devem constar especificadamente as situações, as emoções e intensidade destas, para facilitar as relações entre sentimentos e pensamentos apresentados (Vázquez, 2003; Lega, Cabalo & Ellis, 1997).

Persons (2006) ressalta a importância do registro de pensamentos disfuncionais para o automonitoramento, o paciente preenche um *checklist* diário, com data, horário, situação, comportamentos emitidos, emoções, pensamentos desencadeados e repostas. Dessa forma, o terapeuta tem uma descrição precisa de como foi cada experiência para o paciente. Os registros diários são úteis para a formulação de caso na terapia cognitivo-comportamental (TCC). Nesse caso, é feita uma listagem de problemas trazidos pelo paciente e, assim, o diagnóstico é realizado, a hipótese de trabalho é delineada, o terapeuta avalia pontos fortes e recursos do paciente, estabelecendo um adequado plano de tratamento.

Avaliação neuropsicológica

O terapeuta precisa certificar-se de que o paciente compreende as medidas utilizadas, e, nesse sentido, a avaliação neuropsicológica pode se tornar imprescindível em alguns casos. As funções executivas designam ampla variedade de funções cognitivas como atenção, concentração, seletividade de estímulos, capacidade de abstração, planejamento, flexibilidade de controle mental, autocontrole e memória operacional que podem ser avaliadas por meio de diversos instrumentos (Hamdan & Pereira, 2008). A avaliação neuropsicológica é um procedimento que investiga relações entre cérebro e comportamento, especialmente disfunções cognitivas associadas aos distúrbios do Sistema Nervoso Central.

Koning (2009) explica que uma avaliação neuropsicológica bem-feita fornece um método confiável para quantificar o funcionamento cognitivo. Os testes neuropsicológicos podem fornecer informações úteis sobre o funcionamento cognitivo em um período relativamente curto de tempo, enquanto são mais baratos e em geral facilmente disponíveis. Devido à variabilidade sobre a presença ou ausência de déficits cognitivos, as decisões devem ser baseadas em resultados de mais de um teste sobre um domínio específico do funcionamento cognitivo.

Medidas fisiológicas

Um fator de extrema relevância na avaliação psicológica é a mensuração de possíveis fatores fisiológicos associados a sintomas psicológicos. Componentes fisiológicos fazem parte ou contribuem na sintomatologia psicológica. Um paciente que apresenta bastante enjoo quando se sente ansioso pode iniciar um monitoramento da frequência desses enjoos, para facilitar a identificação de situações, pensamentos e crenças presentes durante aquele momento.

Em casos nos quais medidores fisiológicos são facilmente identificáveis, a medição direta desses problemas pode ser útil na avaliação de progressos e proporcionar a paciente e terapeuta um *feedback* sobre possíveis mudanças terapêuticas. Alguns exemplos de mensurações fisiológicas são: medição de pressão arterial, dimensão de áreas inflamadas em pacientes com problemas de pele, dores de cabeça, taquicardia, sudorese, calor, frio, entre outros (Kirk, 1997).

Essas medições podem ser incluídas no processo de automonitoramento, no qual o paciente tentará identificar as possíveis reações fisiológicas, além de situações, pensamentos, emoções e comportamentos. Também, na avaliação dos outros itens as reações fisiológicas devem ser medidas várias vezes por dia para que possam ser realizadas comparações.

Outro importante comportamento que pode ser mensurado é o sono. Muitos pacientes relatam problemas de insônia e é importante que o terapeuta possa identificar se é causa ou consequência associadas a outros sintomas. A avaliação pode iniciar com uma descrição detalhada dos padrões de sono, incluindo fatores associados como turnos de trabalho, filhos, atividades de lazer ou uso de medicações. É essencial que as crenças relacionadas ao comportamento sejam esclarecidas, ou seja, no caso do sono, o que cada paciente avalia como padrão normal de sono (Kirk, 1997).

Quando o paciente traz para a sessão o monitoramento de suas reações físicas, é fundamental que o terapeuta possa trabalhar com esse material, questionando e avaliando expectativas e crenças.

Além disso, a mensuração de sintomas físicos pode ser registrada em um diário montado pelo paciente. No diário, devem ser descritas situações nas quais o paciente apresentou os sintomas e quais estratégias utilizou para diminuir os sintomas. Por meio do diário, o terapeuta pode avaliar possíveis estratégias compensatórias e quais estratégias se mostram adequadas e saudáveis perante as dificuldades (Dobson, 2006). Alguns autores divergem em opiniões sobre a eficácia de exames em tratamentos, porém Oliveira (2005) avaliou a abstinência de substâncias psicoativas (maconha e cocaína) com o uso de exames laboratoriais específicos de urina; dados que permitem comparar os relatos dos sujeitos com os resultados obtidos no exame, e os relatos foram comprovados de forma coerente com o *Screening* Toxicológico.

Além do relato de situações o Role-play pode ser muito útil. A dramatização de situações nas quais os sintomas estão ativados pode esclarecer ao terapeuta muitas dúvidas e direcionar suas conclusões em relação ao diagnóstico. Além disso, pode auxiliar o paciente em um treinamento de novos comportamentos, ampliando seu repertório de estratégias para lidar com diferentes situações (Dobson, 2006).

Considerações finais

Este capítulo teve como objetivo orientar os clínicos sobre a importância da avaliação cognitiva, tanto nas sessões iniciais e no plano de tratamento quanto ao longo do processo terapêutico. Nesse sentido, é importante manter o foco nas respostas do paciente, não esquecendo que caso ele não responda bem às técnicas de avaliação é fundamental considerar questões neuropsicológicas.

A técnica de intervenção deve estar de acordo com as avaliações realizadas, para que se possa monitorar a efetividade desta. Por exemplo, à medida que se avalia intensidade de sintomas de ansiedade, é relevante o monitoramento das reações fisiológicas diante de um fator estressor, para que dessa forma a técnica mais adequada seja escolhida com clareza pelo terapeuta.

Assim sendo, intervenções escolhidas sob a luz de completa avaliação fornecem perspectivas otimistas e asseguram boa formulação do caso e bons progressos no processo terapêutico, focando a necessidade de cada paciente e o que é indicado para o tratamento do mesmo. O uso da avaliação continuada não deve ser esquecido pelo terapeuta cognitivo, uma vez que este poderá mensurar seus resultados e, caso seja necessário, capacitar-se a utilizar novas intervenções.

Referências

BECK, A. T., Rush, J. A., Shaw, B. F., & Emery, G. (1997). *Terapia cognitiva da depressão*. Porto Alegre: Artmed.

BECK, J. S. (1997). *Terapia Cognitiva: teoria e prática*. Porto Alegre: Artmed.

CABALLO V. E., Salazar, I. C, Arias. B., Irurtia, M. J. Calderero, M., & Equipo de Investigación CISO-A España (2010b). Validación del "Cuestionario de Ansiedad Social para Adultos" (CASO-A30) en universitarios españoles: similitudes y diferencias entre carreras universitarias y comunidades autónomas. *Behavioral Psycholo/Psicología Conductual*, 18(1), 5-34.

CAZASSA, M. J., & Oliveira, M. S. (2008). Terapia focada em esquemas: conceituação e pesquisas. *Revista de Psiquiatria Clínica*, 35(5), 187-195.

CUNHA, J. A. (2001). *Manual da Versão em Português das Escalas Beck*. São Paulo: Casa do Psicólogo.

DOBSON, K. S. (2006). *Manual de Terapias Cognitivo-Comportamentais*. Porto Alegre: Artmed.

DOBSON D., & Dobson, K. S. (2009). *A terapia cognitivo-comportamental baseada em evidências*. Porto Alegre: Artmed.

EPSTEIN, R. M., Siegel, D. J., & Silberman, J. (2008). Self-Monitoring in Clinical Practice: A Challenge for Medical Educators. *Journal of Continuing Education in the Health Professions*, 28(1), 5–13.

FIRST, M., Spitzer, R., Gibbon, M., & Williams, J. B. (1997). *Structured Clinical Interview for DSM-IV Axis I Disorders*

(SCID-I), Clinical Version. Washington, DC: Americam Psychiatric Press.

GOUVEIA, J. P. (1996). *Inventário de crenças e expectativas acerca do álcool.* São Paulo: Casa do Psicólogo.

HAMDAN, A. C., & Pereira, A. P. A. (2008). Avaliação neuropsicológica das funções executivas: considerações metodológicas. *Psicologia: reflexão e crítica*, 22(3), 386-393.

KIRK, J. (1997). Avaliação cognitivo-comportamental. In: Hawton K., Salkovskis, P. M., Kirk, J., & Clarck, D.M. *Terapia cognitivo-comportamental para problemas psiquiátricos: um guia prático.* São Paulo: Martins Fontes.

KONING, I. (2009). *Neuropsychological assessment sense and sensibility.* Stroke, 40, 2949-2950.

LEGA, L. I., Caballo, V. E., & Ellis, A. (1997). *Teoría y práctica de La terapia racional emotivo-conductual.* Madrid: Siglo Veintiuno Editores.

MALOUFF, J. M. (2009). Commentary on the Current Status of Assessmentin Rational-Emotive and Cognitive-Behavior Therapy. *Journal of Rational-Emotive & Cognitive-Behavior Therapy*, 27(2), 136-140.

MCDERMUT, W., & Haaga, D. A. F. (2009). Assessment and Diagnostic Issues in Rational Emotive Behavior Therapy: Introduction to the Special Issue. *Journal of Rational-Emotive & Cognitive-Behavior Therapy*, 27(2), 79-82.

OLIVEIRA, M. S. (2005). Avaliação e intervenção breve em adolescentes usuários de drogas. *Revista Brasileira de Terapias Cognitivas*, v. 1, 1, p. 69-74.

PERSONS, J. B., & Davidson, J. (2006). A formulação de caso cognitivo-comportamental. In K.S. Dobson, A. T. Beck, L. E. Beutler, K. R. Blankstein, L. Braswell, R. Caldwell, *et al*. *Manual de Terapias Cognitivo-comportamentais*. Porto Alegre: Artmed, (pp. 77-96).

SARDÁ, J. J., Legal, E. J., & Jablonski, S. J. (2004). *Estresse: conceitos, métodos, medidas e possibilidades de intervenção*. São Paulo: Casa do Psicólogo.

SHEEHAN, D., Lecrubier, Y., Sheehan, K., Amorin, P., Janavs, J., Weiller, & *et al*. (1998). The Mini-international Neuropsychiatric Interview (M.I.N.I): The development and validation of a structured diagnostic psychiatric interview for DSM-IV and ICD-10. *Journal of Clinical Psychiatry*, 59 (suppl. 20), 22-30.

SILVA, J. G., Gauer, G. C., & Oliveira, M. S. (2009). Esquemas Iniciais Desadaptativos em Alcoolistas: um estudo de comparação. *Revista da Graduação*, 2(2).

TERJESEN, M. D., Salhany, J., & Sciutto, M. J. (2009). A Psychometric Review of Measures of Irrational Beliefs: Implications for Psychotherapy. *Journal of Rational-Emotive & Cognitive-Behavior Therapy*, 27(2), 83-96.

VÁZQUEZ, C. (2003). *Técnicas cognitivas de intervéncion clínica*. Madrid: Sintesis.

NUNES, M. A. Bagatini, L. F., Abuchaim, A. L., Kunz, A., Ramos. D., Silva, J. A., & Somenzi, L. P. A. (1994). Distúrbios da conduta alimentar: considerações sobre o Teste de Atitudes Alimentares (EAT). *Revista ABP-APAL*, 16(1), 7-10.

WAGNER, M. F. (2011). *Evidências psicométricas do cuestionário de ansiedad social para adultos (CASO-A30)*. Tese de Doutorado Não publicada, PUCRS, Porto Alegre.

YOUNG, J. E. (2003). *Terapia cognitiva para transtornos da personalidade: uma abordagem focada no esquema*. Porto Alegre: Artmed.

CAPÍTULO 3

Terapia cognitivo-comportamental aplicada a crianças e adolescentes

Patricia Barros

No fim da década de 1950 e começo da década de 1960, Aaron Beck, identificando o que chamou de cognições negativas como primeira característica da depressão, deu início aos estudos que originaram o modelo teórico da terapia cognitiva. Atualmente, com a ampliação desse modelo a uma diversidade de transtornos, a terapia cognitivo-comportamental (TCC), abarca amplo campo teórico e prático, inclusive no tratamento de crianças e adolescentes (Beck, 2011).

Inicialmente desenvolvidos e testados em populações de idade adulta, o modelo e as técnicas cognitivo-comportamentais precisaram receber adaptações para o atendimento das demandas que surgem na infância e adolescência. O presente capítulo tem por objetivo, portanto, descrever e discutir, de acordo com a literatura, como o modelo teórico e prático da TCC tem sido adaptado às peculiaridades desses jovens, especialmente entre as idades de 6 e 17 anos.

As intervenções cognitivo-comportamentais com indivíduos dessa faixa etária já são amplamente comprovadas (Kazdin, Bass, Ayers & Rodgers, 1990; Grave & Blisset, 2004). Estudos para tratamento da depressão em crianças e adolescentes usando como base a TCC vêm mostrando sua eficácia há algumas décadas (Harrington, Wood & Verduyn, 1997; Patten, Sedmak & Russel, 2001; Clark, DeBar & Lewinsohn, 2003). Outros problemas também apresentaram resultados positivos com base nos protocolos de tratamento orientados sob o modelo cognitivo-comportamental. Um dos primeiros estudos para tratamento da ansiedade foi desenvolvido por Kendall (1994) adaptando inicialmente o modelo utilizado em adultos, o que deu início a uma série de posteriores versões, com diferentes tamanhos e níveis de complexidade. Ocorreram também modificações em função da especificidade de cada transtorno da ansiedade passando a ser aplicado a uma diversidade de desordens e cujos efeitos são animadores (Cartwright-Hatton & cols., 2004).

Modelos de intervenção voltados para o tratamento do transtorno do déficit de atenção e hiperatividade (TDAH) também mostraram resultados importantes para a discussão da efetividade da TCC. Os primeiros resultados do Multimodal Treatment Study of Children with ADHD (MTA) foram publicados em 1999. Este foi um dos mais amplos e mais esclarecedores estudos desse campo. De início, foram comparados diversos tipos de tratamento para crianças diagnosticadas com o subtipo combinado dessa desordem. O modelo de tratamento baseado na terapia comportamental era composto pelo tratamento em grupo com as crianças, como também pelo treinamento parental e a intervenção escolar para manejo dos sintomas do transtorno. Os resultados, por causa da complexidade de dados, foram extensamente discutidos e mostraram que, a princípio, o tratamento apenas medicamentoso não se diferenciava do tratamento combinado (medicação e terapia comportamental).

A partir de então, muitos estudos têm sido conduzidos no sentido de desenvolverem estratégias mais eficazes nesse campo e cujos resultados não são ainda explícitos quanto à total efetividade da intervenção direcionada às crianças, aos pais e às escolas, ou da combinação delas (Anastopoulos & Gerrard, 2003; Smith, Barkley & Shapiro, 2006). Os estudos sobre o transtorno opositivo desafiador e o transtorno de conduta também não são unânimes em sua efetividade, especialmente a intervenção direcionada especificamente às crianças, mostrando maior efetividade as estratégias direcionadas ao treinamento parental (Brestan & Eyberg, 1998; Pardini & Lochman, 2003).

Desordens outras também são alvos de investigações no campo da TCC. Muitas intervenções têm sido desenvolvidas para manejo dos sintomas nos transtornos invasivos do desenvolvimento, especialmente para indivíduos com síndrome de Asperger (Volkmar, Raul, Klin & Cohen, 2005; Attwood, 2008). Muitos deles se ocupam de estratégias que facilitem a regulação emocional (Attwood, 2004a, 2004b; Scarpa & Reyes, 2011) e o desenvolvimento de habilidades sociais (Baker, 2003, 2006; Volkmar, Paul, Klin & Cohen, 2005). Alguns protocolos com base na TCC têm sido modelos para as principais intervenções para o transtorno bipolar infantojuvenil (Lee Fu-I; Boarati; Maia & cols., 2012), transtornos de excreção (Silvares, Pereira & Porto, 2011), além de problemas relacionados à vida escolar (Creed, Reisweber & Beck, 2011). Tratamentos em grupo também são possíveis meios para intervenção cognitivo-comportamental em uma série de quadros infantojuvenis (Christner, Stewart & Freeman, 2007).

Uma vez que diversas problemáticas dessa faixa etária têm sido contempladas por intervenções cognitivas e comportamentais, cabe apresentar tais estratégias, bem como suas peculiaridades para o atendimento de crianças e adolescentes. De acordo com Spencer (1994) e Stallard (2002), o tratamento em TCC deve considerar aspectos específicos como os estágios do desenvolvimento cognitivo, emocional e social, além da influência do contexto sociocultural (especialmente a família e a escola) nesse processo.

O papel do desenvolvimento infantojuvenil para as intervenções cognitivo-comportamentais

É fato que as fases da infância e adolescência são marcadas por intensa trajetória de desenvolvimento nas áreas cognitiva, emocional, social e sexual, todas relacionadas entre si. Por esse motivo, pensar em uma intervenção psicoterápica com crianças e adolescentes deve levar em consideração tais especificidades.

A TCC, uma vez inaugurada sob um modelo direcionado aos adultos, não tem como base uma teoria do desenvolvimento que direcione suas intervenções com indivíduos mais novos (Grave & Blisset, 2004). Dessa forma, torna-se necessário tomar como orientação outras teorias e autores que mapeiem a aprimoramento das funções infantojuvenis.

A teoria de Piaget (1952) facilita o entendimento das mudanças cognitivas ao longo da infância e adolescência, pela classificação das habilidades de acordo com os estágios em que se encontra o indivíduo. Segundo Piaget, os estágios evoluem como uma espiral, de modo que cada estágio engloba o anterior e o amplia. Piaget não define idades rígidas para os estágios, mas sim que estes se apresentam em uma sequência constante.

Segundo ele, no estágio sensório-motor, a criança não representa mentalmente os objetos e sua ação é direta sobre eles. No estágio seguinte, pré-operacional, ela passa a desenvolver a capacidade simbólica e é marcada pelo egocentrismo. Em outras palavras, a criança ainda não se mostra capaz de se pôr na perspectiva do outro, seu pensamento é estático e rígido, percebendo apenas estados momentâneos, sem juntá-los em um todo. Dentre outras consequências, ela terá dificuldade em entender a ideia do acaso e tenderá a julgar as situações pela aparência sem relacionar fatos. Ao mesmo tempo, já poderá agir por simulação, em brincadeiras e situações "como se".

No estágio de operações concretas, apesar de ainda trabalhar com material concreto, agora eles estão representados e sua flexibilidade de pensamento permite desenvolver noções de tempo, espaço, velocidade, ordem, casualidade e de abstração dos dados da realidade. Depende ainda do mundo concreto para chegar à abstração, mas já consegue representar uma ação no sentido inverso (reversibilidade).

No estágio de operações formais, o raciocínio abstrato é ainda mais desenvolvido, libertando a criança inteiramente do objeto concreto. É capaz, agora, é raciocinar a partir de proposições que são apenas hipóteses.

Além da habilidade cognitiva, autores como Harris (1996) descrevem a compreensão emocional que as crianças têm ao longo do desenvolvimento acerca delas mesmas e de seu ambiente social. Tal conhecimento facilita compreender como elas percebem seu estado emocional e passam a perceber as emoções de outras pessoas na dinâmica social geral, permitindo que se desenvolva aspectos como a empatia, o altruísmo e explicando uma série de comportamentos agressivos, assim como o funcionamento de transtornos como o autismo.

Eisenberg e cols. (2004) e Stegge e Terwogt (2007) vão além e discutem o papel desse desenvolvimento na regulação das emoções, permitindo-nos reconhecer quais os comportamentos são esperados para cada fase, bem como as habilidades necessárias para que se alcance a autorregulação emocional.

Já aos 3 anos, as crianças começam a usar palavras simples (feliz, triste) com conotação emocional e de maneira causal (mamãe triste), sugerindo que conseguem relacionar as situações às emoções que observam. Ao longo do tempo, a capacidade de inferir desejos e pensamentos alheios permite que elas entendam que a mesma situação pode despertar diferentes sentimentos, pensamentos e comportamentos em diferentes pessoas de acordo com a maneira que interpretam a ocasião. Mais tarde no processo de desenvolvimento, elas começam a compreender emoções complexas, como a vergonha, por exemplo, uma vez que passam a entender a discrepância entre o comportamento emitido e o que era esperado socialmente da pessoa.

Do ponto de vista da autorregulação emocional, crianças, desde muito novas, se dão conta de que precisam monitorar o próprio comportamento e a expressão de suas emoções, pois passam a perceber quais delas seriam apropriadas externalizar ou não. Com o desenvolvimento da teoria da mente (capacidade de inferir as intenções alheias), as crianças percebem que as outras pessoas conseguem inferir nossos sentimentos e pensamentos, assim como passamos a perceber os delas. Dessa maneira, as crianças aprendem que precisam regular suas emoções em função do contexto.

Crianças mais novas usam recursos diferentes de crianças mais velhas para regular suas emoções. Um estudo de Harris e cols. (1981) mostrou que crianças de 6 anos utilizavam como as estratégias de autorregulação de emoções negativas, a mudança da situação ou mudanças comportamentais concretas. Em contrapartida, crianças aos 10 anos usavam recursos mais internos de regulação, sugerindo pensar em coisas positivas ou até mesmo tentavam mudar sua percepção sobre a situação.

Em um período mais tenro da infância, outra teoria aparece como chave para o entendimento da regulação emocional: a teoria do apego. Segundo Bowlby (1990), o apego funciona como um laço afetivo com figuras que nos proporcionam segurança emocional, especialmente em situações de estresse e adaptação. Crianças com apego seguro, já entre o primeiro e o segundo ano de vida, usam seus pais e cuidadores como figuras de base emocional, que os manterão protegidos do perigo e darão apoio para que eles possam explorar o ambiente. O impacto da formação do apego durante os anos posteriores parece refletir diretamente na maneira como o indivíduo deverá regular suas emoções, especialmente as "negativas", a até mesmo seu desenvolvimento social, influenciando nas escolhas de um grupo social que exerça a função de segurança emocional.

Muitos outros aspectos do desenvolvimento devem ser levados em consideração quando o assunto é o tratamento psicoterápico infantojuvenil. Fatores inter-relacionados a esse processo como a linguagem, a sexualidade, a aprendizagem escolar, a motricidade, dentre outros, precisam ser compreendidos a fim de que se utilizem os recursos adequados a cada faixa de idade e a cada indivíduo. Este é um dos desafios da TCC.

Não obstante, torna-se necessário entender os fatores que influenciam na formação e na modificação de todos esses aspectos. Entende-se que existe a participação de um aparato biológico como base da formação humana da personalidade. Inúmeros estudos têm sugerido que a interação desses fatores, como o temperamento e o funcionamento cognitivo, com aspectos ambientais, como os estilos parentais, práticas culturais e condições sociais formam um quebra-cabeça único para cada indivíduo (Thomas & Chess, 1977).

Entende-se por temperamento as diferenças biológicas individuais na reatividade aos estímulos do ambiente. Reatividade refere-se ao tempo de latência entre o estímulo e a resposta do indivíduo a ela, sua intensidade, o nível de atenção direcionado a ela, bem como a atividade motora envolvida (Rothbart & Bates, 2006). A autorregulação vai necessariamente tentar adaptar essa reatividade às demandas de cada situação. Assim, se a criança tende a apresentar uma resposta muito ativa e intensa em uma situação que exige com que ela fique mais tempo sentada e quieta, ela certamente precisará lançar mão de estratégias de autorregulação para se adaptar à situação.

Por outro lado, o temperamento também influencia as reações parentais, que, por sua vez, influenciarão ativamente na formação das crenças e dos esquemas da criança. O que chamamos de estilos parentais é o resultado de uma combinação de condutas repetidas pelos pais em resposta aos comportamentos de seus filhos. Três fatores se mostram diferenciais para que o estilo parental seja eficaz para um bom desenvolvimento emocional: aceitação e envolvimento; controle; e práticas de autonomia (Baumrind, 1971; Hart, Newell e Oslen, 2003). Assim, se a resposta dos pais a uma criança cujo temperamento é mais evitativo for a de pouco incentivo à exploração do ambiente, tais práticas acabariam não favorecendo o desenvolvimento da autonomia da criança e da autorregulação dos sentimentos despertados por aquele tipo de situação.

No percurso da TCC com crianças e adolescentes, todos esses aspectos do desenvolvimento deverão ser levados em consideração em algum estágio do tratamento. Durante o processo de avaliação, etapa reservada para o entendimento da formação do problema, é importante compreender o papel do temperamento, o estágio do desenvolvimento sociocognitivo no qual a criança se encontra, as práticas parentais que reforçam o problema da criança, bem como as estratégias que a criança já utiliza para o manejo das situações. Para o planejamento das intervenções e escolha das técnicas adequadas, torna-se essencial entender especialmente o funcionamento cognitivo. Uma vez que a TCC se utiliza de estratégias que visam à reestruturação cognitiva, será exigido da criança algum nível de raciocínio lógico e muitas vezes abstrato, assim como adaptações na linguagem utilizada com a criança que a permita entender e flexibilizar a interpretação dos eventos.

Muito mais dependente da influência do contexto, é ainda fundamental considerar a intervenção com a família e na escola. É recomendado, portanto, que o terapeuta faça extensa leitura sobre o processo de desenvolvimento humano a fim de construir o entendimento do funcionamento humano especialmente na faixa etária do paciente que está em atendimento. O tratamento em TCC é, de fato, peculiar com crianças e adolescentes do começo ao fim, sendo semelhante aos dos adultos, uma vez que tem como base o modelo cognitivo-comportamental, mas diferenciado à medida que os aspectos do desenvolvimento são cruciais nessa fase.

Peculiaridades e fatores de efetividade da TCC no atendimento a crianças e adolescentes

Avaliação

Assim como ocorre em todo processo terapêutico, a etapa de avaliação é a porta de entrada do paciente no tratamento. Nela, vão-se coletar os dados mais importantes para o entendimento do problema, começando a estabelecer com o paciente e sua família os primeiros passos para o vínculo com o terapêutico. Desde o primeiro momento já se pode perceber a especificidade desse tipo de atendimento, no qual será necessário incluir a família para a compreensão queixas, sua formação e estabelecimento de metas.

Não é incomum que as crianças e os adolescentes tenham dificuldades em estabelecer claramente os objetivos e sua motivação para o tratamento. Muitas vezes, isso acontece, pois suas percepções acerca da problemática são limitadas até mesmo pelo processo de desenvolvimento ou, ainda, porque não conseguem associar seus prejuízos a uma causa concreta. Por esse motivo, a TCC apresenta um fator fundamental para o sucesso do tratamento infantojuvenil, uma vez que seu mecanismo é baseado em um processo estruturado com metas claras construídas a partir da definição específica dos problemas e que, nesse caso, será feita entre família, paciente e demais contextos envolvidos neles.

Assim, as etapas de avaliação devem ter como objetivo fazer ampla mas clara varredura da história de cada queixa apresentada, vinculando-a às etapas do desenvolvimento típico, como a finalidade de entender os comportamentos e as habilidades que se afastam dessa linha de entendimento. Adicionalmente, é necessário procurar os principais fatores que mantêm a problemática, incluindo aí a participação das pessoas que lidam com a criança no seu cotidiano. A coleta de dados pode ser feita inicialmente com a família para que sejam mapeados os problemas, os prejuízos que cada um deles gera à família, à criança e aos demais nele envolvidos. O Quadro 1 mostra os principais fatores a serem investigados nessa primeira etapa:

Quadro 1 Investigação inicial

1. Etapas do desenvolvimento motor, linguístico, cognitivo, afetivo e social e o nível de desenvolvimento atual.
2. Condições socioculturais, renda familiar, nível de instrução dos pais.
3. Dados escolares, histórico de notas e rendimento escolar, metodologia de ensino da escola, autonomia e metodologia em relação aos estudos.
4. Relacionamentos familiares e práticas disciplinares adotadas.
5. Relacionamentos sociais com pares, família e figuras de autoridade.
6. Rotinas diárias envolvendo práticas cotidianas como tomar banho, alimentação, sono, atividades extras, esportes.
7. Condições médicas gerais com histórico de doenças ao longo da vida, a gravidade delas e as reações da família e da criança.
8. História do problema incluindo fatores precipitantes e seu desenvolvimento.
9. Tratamentos interdisciplinares paralelos como intervenções psiquiátricas envolvendo o uso de medicações, fonoaudiológicos etc.
10. Pontos fortes da criança e da família, bem como estratégias de manejo dos problemas que surtiram efeito até o momento.
11. Motivação e impasses ao tratamento, expectativas quanto aos resultados e histórico de tratamentos psicoterápicos desta ou de outras abordagens.

A investigação inicial pode ser realizada por meio de entrevistas semiestruturadas que busquem, a princípio, dados mais gerais; entrevistas estruturadas, que avaliem sintomas específicos de determinados problemas/transtornos; assim como pode se fazer uso de escalas gerais e específicas com a mesma finalidade. O uso de recursos estruturados permite uma avaliação clara em termos de frequência e intensidade dos sintomas, ajudando também a monitorar o andamento do tratamento de maneira menos subjetiva. O Quadro 2 sugere alguns desses recursos:

QUADRO 2 Instrumentos para auxílio na avaliação

INSTRUMENTOS	IDADES
Child Behavior Checklist – CBCL (Achenbach, 2001)	Avalia amplamente comportamentos infantojuvenis por meio de uma lista de queixas na área de saúde mental. A versão brasileira do CBCL (4 a 18 anos) é denominada "Inventário de Comportamentos da Infância e Adolescência".
Schedule for Affective Disorders and Schizophrenia for School-Age Children – K-SADS (Ambrosini, 2000)	Constitui-se de entrevistas semiestruturadas dirigidas aos pais e à criança, que devem ser realizadas por profissionais da área a fim de avaliar sintomas gerais de humor e esquizofrenia.

CONTINUA

Continuação

INSTRUMENTOS	IDADES
Children's Yale Brown obsessive compulsive scale – CY-BOCS (Scahill, Riddle, McSwiggin-Hardin, Ort, King, Goodman & cols., 1997)	Pode ser usado entre as idades de 8 a 17 anos para analisar uma diversidade de temas dos sintomas obsessivos e rituais comportamentais do transtorno obsessivo-compulsivo.
Autistic Diagnostic Observation Scale (ADOS, Lord & cols., 1989)	Medida semiestruturada de observação para quantificação de comportamentos relativos ao espectro do autismo. É necessário treinamento específico para aplicação.
Autistic Diagnostic Interview – ADI (Rutter, Le**Couteur** & **Lord, 2003**)	Entrevista que avalia a história do desenvolvimento da criança/do adolescente para avaliar aspectos relativos ao autismo, envolvendo comunicação, sociabilidade e comportamentos repetitivos. É necessário treinamento específico para aplicação.

Continua

CONTINUAÇÃO

INSTRUMENTOS	IDADES
Development and Well-Being Assessment – DAWBA (Goodman, Ford, Richard, Gatward & Meltzer, 2000)	Pode ser aplicado por leigos por meio de perguntas fechadas, para avaliação posterior de um profissional da área e as definições de diversos diagnósticos no campo da saúde mental.
Beck Youth Inventories (Beck, Beck & Jolly, 2005)	Composto por cinco inventários: o Inventário de Depressão, com itens sobre pensamentos negativos, sentimentos de tristeza e culpa e dificuldades com sono; o Inventário de Ansiedade, identifica pensamentos de preocupação sobre desempenho escolar, reações de outras pessoas e falta de controle, e também de sintomas fisiológicos de ansiedade; Inventário de Raiva, pensamentos sobre ser injustiçado e maltratado; Inventário de Comportamentos Disruptivos, avalia pensamentos e comportamentos associados aos transtornos de conduta e opositivo desafiador; Inventário de Autoconceito/Eficácia, identifica cognições que o indivíduo tem sobre a própria competência.

CONTINUA

CONTINUAÇÃO

INSTRUMENTOS	IDADES
Behavior Rating Inventory of Executive Function – BRIEF (**Gioia, Isquith, Guy & Kenworthy,** 2005)	Questionário destinado a pais e professores para avaliar funções executivas que envolvem inibição do comportamento, controle emocional, início, planejamento, organização e monitoramento de tarefas, bem como a memória de trabalho.
Sistema Multimídia de Habilidades Sociais para Crianças (Del Prette & del Prette, 2006)	Avaliação de habilidades sociais que pode, também, ser utilizada como recursos de educação, especialmente sobre respostas sociais diante de diversas demandas dos contextos de crianças e adolescentes. Pode ser aplicada em crianças de 7 a 12 anos.

Uma vez coletados os dados iniciais, já se consegue obter um parâmetro da motivação de cada um dos envolvidos no engajamento para o tratamento. Caso o paciente não os perceba de maneira clara, é importante que se construa uma conceitualização de seu caso de maneira bastante colaborativa.

De acordo com Creed, Reisweber e Beck (2011), a conceitualização permite que a criança ou o adolescente entenda por que ele se comporta de determinada maneira e as consequências dessas condutas. Quando realizada de maneira colaborativa, o terapeuta consegue auxiliá-lo nessa compreensão e até mesmo acessar a visão inicial do paciente, de acordo com sua própria linguagem e seus níveis cognitivo e afetivo. Além da problemática, é necessário analisar e salientar os pontos fortes do paciente e de seu contexto, pois serão eles os principais mecanismos de resiliência para enfrentamento do problema e para motivação ao tratamento.

Nesse momento é também importante iniciar um processo de psicoeducação sobre o modelo cognitivo-comportamental, em que o paciente deverá entender a correlação entre o que faz, o que sente e o que pensa. Os mesmos autores (Creed, Reisweber & Beck, 2011) sugerem o exemplo de duas crianças que vão a um parque de diversão e estão prestes a andar de montanha-russa. O primeiro deles tem pensamentos como: "Vai ser super legal!", enquanto o segundo, pensa: "E se eu cair de lá?". Nesse caso, as interpretações diferenciadas de duas crianças sobre a mesma situação vão gerar em cada uma sentimentos e comportamentos opostos. A compreensão do modelo pode ser realizada de inúmeras maneiras, desde que se leve em consideração a idade e os recursos de entendimento apresentados pelas crianças. Em crianças com síndrome de Asperger, por exemplo, é importante que se invista mais tempo nesse processo de psicoeducação, especialmente porque elas apresentam mais impasses no reconhecimento das emoções (Attwood, 2004). Com muitas delas, é preciso, a princípio, ensiná-las até mesmo a nomear as emoções, processo que pode ser importante também com crianças menores. Podem-se utilizar recursos, especialmente balões de pensamentos, histórias em quadrinhos para inferências dos pensamentos e sentimentos e até programas de computador (University of Cambridge, 2007)

Creed, Reisweber e Beck (2011) sugerem ainda que a conceitualização com crianças e adolescentes pode ser simplificada para facilitar o entendimento e sua construção com os diversos envolvidos no processo de avaliação. O Quadro 3 reproduz o modelo desses autores, no qual se ressalta os padrões de crenças, pensamentos e comportamentos que o paciente tende a repetir ao longo das situações. Recursos de automonitoramento são essenciais para identificar padrões cognitivos, emocionais e comportamentais.

Quadro 3 Modelo simplificado de conceitualização cognitiva

> **Fatores de desenvolvimento que influenciaram o problema**
> Quais foram as experiências ao longo do desenvolvimento que afetaram na formação do problema?

> **Crenças subjacentes**
> Quais são as crenças mais profundas sobre si mesmo e sobre o mundo? Quais crenças a criança tem sobre suas estratégias para lidar com seus problemas e o mundo?

> **Padrões de sentimentos e comportamentos**
> Quais pensamentos automáticos ocorreram nas situações específicas e as emoções ligadas a elas?

> **Padrões de comportamentos**
> Quais são os comportamentos associados aos padrões de pensamentos das crianças?

De acordo com Friedberg, McClure e Garcia (2009), a menos que crianças e adolescentes acessem seu próprio funcionamento, será difícil eleger metas e modificá-las. O automonitoramento das emoções envolve o reconhecimento do que se sente (nomeando a emoção) e sua intensidade (eleger uma nota sobre quão forte foi o sentimento, como um termômetro, por exemplo).

Monitorar os próprios pensamentos parece mais difícil especialmente para crianças menores (Grave & Blisset, 2004), o que vai exigir mais adaptação dos recursos. O uso de diários de monitoramento pode ser auxiliado por balões de pensamento que ajudem a criança a associar a situação aos seus pensamentos correspondentes. Recursos como o The *Coping Cat* (Kendall & cols., 1992), *Pandy* (Friedberg & cols., 2001) e histórias em quadrinhos (Stallard, 2002) são exemplos de materiais que podem ser adaptados às situações específicas de cada paciente. De modo geral, devem-se seguir alguns critérios importantes para esse tipo de monitoramento: listar da forma mais clara possível as situações eliciadoras dos pensamentos disfuncionais (onde, quando, com quem?), identificando e nomeando os sentimentos em uma escala de intensidade. Por último, por meio de perguntas que facilitem o acesso aos pensamentos automáticos, identificar padrões cognitivos, especialmente aqueles em que os indivíduos cometem erros que os fazem distorcer as situações enfrentadas. Questionamentos como "O que passava em sua cabeça naquela hora?", "O que você disse para você mesmo nesta situação?", "Por que você se sentiu desta forma quando...?".

Desenhos e histórias em quadrinhos construídos a partir das situações específicas de cada criança, dramatizações de eventos passados para acessar os pensamentos, o auxílio de desenhos animados que tenham conteúdos parecidos com a problemática em questão, bem como a reprodução das situações com auxílio de fantoches e bonecos, podem ser recursos que ajudam na descoberta de pensamentos e sentimentos.

Além do componente cognitivo, o comportamento também pode ser monitorado pelo próprio indivíduo ou por adultos que estejam participando das situações junto às crianças/aos adolescentes. As condutas-alvo precisam estar detalhadamente definidas (em vez de definir como comportamento-alvo "ser educado", descrever claramente o que estará sendo observado "cumprimentar as pessoas desejando "bom dia!" quando chegar à casa de seus familiares"). A esse monitoramento, podem-se acrescentar os antecedentes e as consequências de cada comportamento da criança, transformando-o em uma análise funcional. Os antecedentes dizem respeito ao que acontece anteriormente ou àquilo que elicia a conduta da criança, como os comandos que recebeu de seus pais. As consequências envolvem os reforçadores positivos, negativos ou a punição que a criança/o adolescente recebeu (Friedberg, McClure & Garcia, 2009).

A análise funcional permite não só que a criança/o adolescente perceba sua dinâmica comportamental, como também faz que seus pais e demais envolvidos notem suas próprias condutas diante do problema. Estudos têm mostrado que a regulação emocional de pais e cuidadores e o manejo do estresse facilitam que ponham em prática com mais efetividade as orientações psicoterápicas voltadas aos filhos (Barrett, Dadds & Rapee, 1996; Barret & cols., 2005).

Todo o funcionamento dinâmico do problema (incluindo o papel de pais, professores, pares e demais cuidadores) deve ser anexado à conceituação para que haja o entendimento global do problema permitindo que cada parte envolvida possa sofrer a intervenção específica à sua participação. Esta é, sem dúvida, uma peculiaridade no atendimento infantojuvenil, uma vez que se torna necessário avaliar mais criteriosamente o contexto no qual a criança está inserida, exigindo do terapeuta um manejo especial na integração de todas essas informações para o plano de tratamento.

Nesse processo de entendimento e manejo dos casos envolvendo crianças e adolescentes, é importante ressaltar a estrutura como mais uma vantagem da TCC. A agenda da sessão, por exemplo, permite que, desde o início do tratamento, o paciente tenha ideia do que é esperado dele e do terapeuta, permitindo uma relação mais previsível e clara. Assim, o planejamento das etapas do tratamento bem como de cada atendimento em conjunto com a criança/o adolescente e também com sua família fornece o passo a passo das atividades e auxilia na integração dos dados entre uma sessão e outra. Creed, Reisweber & Beck (2011) chamam de "ponte" a ligação entre uma sessão e outra, momento em que terapeuta e paciente retomam o que foi dito na sessão anterior, o dever de casa e sua relação para resolução do problema descrito inicialmente. Os autores também sugerem que exista a construção de algum material concreto a cada sessão: uma anotação, um desenho ou alguma atividade em que a criança tenha um ponto de apoio visível sobre o que foi concluído naquela sessão.

A estrutura e os aspectos objetivos da TCC contribuem também para uma relação terapêutica em que os envolvidos saibam o que é esperado de cada um, de como funciona o processo e da fundamental participação colaborativa entre eles. O papel do terapeuta é explicado de maneira didática e empática, com o objetivo de que a criança/o adolescente entenda o objetivo de sua ida à terapia. É também importante que se informe à criança que pais, escola e cuidadores estarão envolvidos nesse processo, pois isso parece ter consequências no estabelecimento da relação terapêutica e do sigilo das informações. Podem-se levantar pensamentos disfuncionais sobre a participação dos pais, sobre a terapia e até mesmo a respeito do terapeuta, o que deve ser incluído na conceitualização daquele paciente. Essas informações deverão auxiliar o terapeuta na condução do vínculo com o paciente e sua família e influenciar no plano de tratamento, como na frequência e no modelo de orientação que será efetuada com os pais.

Psicoeducação no atendimento com crianças e adolescentes

Seguindo o modelo original da TCC, a psicoeducação é um dos pilares também no processo terapêutico na infância e adolescência. Educar o paciente sobre o que se passa com ele envolve dois fatores: entender o funcionamento do transtorno ou do problema (os sintomas e os critérios diagnósticos e como eles aparecem especificamente em cada caso), assim como isso acontece no modelo cognitivo-comportamental (a relação entre pensamentos e crenças centrais, sentimentos, comportamentos e estratégias compensatórias) (Friedberg, McClure & Garcia, 2009).

Alguns recursos podem auxiliar. Mais uma vez o uso de histórias, teatros com fantoches e vídeos permitem com a criança se identifique com a personagem e passe a entender seus sintomas por meio desses recursos. Passam também a entender que não são os únicos a se sentir ou se comportar daquela forma.

De igual forma, a família necessita desse tipo de informação por meio de recursos didáticos com linguagem clara e acessível, com o cuidado de não se rotular o problema da criança/do adolescente (Friedberg, McClure & Garcia, 2009).

A construção de materiais adaptados de livros específicos com informações acessíveis a leigos, sites, filmes e metáforas sugerem aos pacientes, a suas famílias e aos educadores um entendimento a respeito das causas dos problema, ajudando a distinguir o que é esperado da criança e até mesmo permitir que se tenha uma ideia sobre o que está ao seu alcance e responsabilidade de ser modificado. Alguns livros para psicoeducação são sugeridos no Quadro 4 e devem ser adaptados e discutidos durante as sessões. Muitos deles contêm ainda algumas sugestões de intervenção, o que precisa ser direcionado pelo terapeuta de acordo com cada caso clínico.

Quadro 4 Sugestões de materiais utilizados para psicoeducação de transtornos e problemas específicos da infância e adolescência

RECURSO	FORMATO	OBJETIVO
Os incríveis (Pixar Animation Studios, 2004)	Animação	Relações familiares, hiperatividade, timidez.
Pequena Miss Sunshine (Dayton & Faris, 2006)	Filme	Relações familiares, autoestima.
A menina no país das maravilhas (Barnz, 2008)	Filme	Síndrome de Tourette.
Forrest Gump (Zemeckis, 1994); Temple Grandin (Jackson, 2009)	Filme	Transtornos invasivos do desenvolvimento.

Continua

CONTINUAÇÃO

RECURSO	FORMATO	OBJETIVO
Mary e Max (Elliot, 2009)	Animação	Síndrome de Asperger.
Série "O que fazer quando" (Huebner, 2009)	Livros	"O que fazer quando você reclama demais" – manejo de pensamentos negativos e sentimentos aversivos. "O que fazer quando você tem muitas manias" – manejo do transtorno obsessivo-compulsivo. "O que fazer quando você se preocupa demais" – manejo da ansiedade. "O que fazer quando você se irrita demais" – manejo da raiva. "O que fazer quando você não consegue dormir sozinho" – manejo de problemas na hora do sono.

CONTINUA

CONTINUAÇÃO

RECURSO	FORMATO	OBJETIVO
Quando os pais se separam (Heegaard, 1998)	Livro	Manejo de sentimentos diante da separação dos pais e da constituição de novas famílias.
Quando a família está com problemas (Heegaard, 1998)	Livro	Manejo de situações e sentimentos decorrentes da adição às drogas e ao álcool por pessoas próximas.
Quando alguém muito especial morre (Heegaard, 1998)	Livro	Manejo do sentimento de tristeza diante da morte de pessoas próximas.

Técnicas cognitivas

A reestruturação cognitiva é o objetivo final das técnicas cognitivas, uma vez que, de acordo com o modelo cognitivo-comportamental, a modificação das crenças vai resultar na modificação dos comportamentos, emoções e reações fisiológicas.

Os métodos de autoinstrução são os recursos de primeira linha para o tratamento em adultos. Eles envolvem habilidades de metacognição em que o indivíduo fala internamente consigo mesmo sobre seus próprios pensamentos e suas interpretações das situações em que está envolvido (Spiegler & Guevremont, 1998). Entretanto, quando se trata do tratamento com crianças, especialmente as menores, somos confrontados com aspectos do desenvolvimento que algumas vezes dificultam ou até mesmo impedem o uso pleno desses recursos.

As técnicas cognitivas, de maneira geral, exigem um aparato cognitivo mínimo de atenção, memória, raciocínio lógico e abstrato. O mecanismo de metacognição, ou o "pensar sobre pensar", tem início aos 3 anos com o aparecimento da teoria da mente e só amadurece ao longo do tempo. São necessárias habilidades de auto-observação e de raciocínio abstrato, que estarão mais desenvolvidas a partir dos 12 anos, permitindo a ampliação do uso das técnicas cognitivas (Bartsch & Estes, 1996).

As técnicas que envolvem a análise racional, por exemplo, também estão diretamente relacionadas com habilidades cognitivas. Muito do impasse em interpretar as situações de maneira mais flexível passa pelo próprio estágio de desenvolvimento no qual a criança se encontra. Crianças mais novas necessariamente terão mais pensamentos egocêntricos e dicotômicos em função disso. Assim, o que em adultos é uma clara distorção cognitiva, nessa faixa etária é uma característica esperada que exigirá o uso de estratégias específicas para manejá-la (Grave & Blisset, 2004).

Enquanto habilidades como a autorreflexão, tomada de perspectiva, compreensão de causalidade, memória, atenção e linguagem estão em aprimoramento, é papel do terapeuta adaptar suas técnicas a fim de alcançar o nível do desenvolvimento de seu paciente. Kendall e cols. (1992, 1997) utilizaram estratégias cognitivas para intervenção em casos de ansiedade por meio de um acrônimo da palavra Medo (em inglês, *Fear*, em que F = *feeling frightened*; E = *expecting bad things to happen*; A = *attitudes and actions that help*; R = *results and rewards*). Outro exemplo de adaptações dessas técnicas pode ser verificado em pacientes com síndrome de Asperger. Attwood (2004) sugere o uso de Comic Strip Conversations (Gray, 1994) para facilitar o entendimento dos pensamentos alheios, como também para autoinstrução no manejo da ansiedade e da raiva.

Spiegler e Guevremont (1998) sugerem que, para facilitar a implementação de técnicas cognitivas com crianças, é necessário orientá-la passo a passo na situação escolhida. Assim, é necessário desmembrar o evento eliciador em etapas menores e a cada uma delas, guiar o foco de atenção da criança para o que é mais importante ser levado em consideração naquele momento. Além disso, recomendam que a autoinstrução seja acompanhada por estratégias de solução de problemas para o enfrentamento das situações aversivas que estão em discussão. Friedberg e cols. (2001) sugerem que se evite pensamentos otimistas irreais e extremamente simples, comuns em uma primeira análise de crianças, que tende a ser mais superficial. Na visão deles, a resposta alternativa para manejar as situações deve ser construída com as próprias palavras da criança e deve haver, necessariamente, uma estratégia para lidar objetivamente com o estressor.

Para lidar com as distorções cognitivas, Stallard (2002) e Friedberg, McClure e Garcia (2009) sugerem uma série de atividades que usam recursos lúdicos. Podem ser utilizados temas de interesse do cliente sempre com o apoio de materiais concretos, como óculos escuros (para auxiliar no entendimento dos pensamentos negativos), coroas associadas a balões de pensamentos (que vão sendo substituídos à medida que a criança consegue flexibilizá-los e modificá-los) e desenhos que facilitem o entendimento e a fixação das estratégias aprendidas.

Cook e cols. (2004) defendem o uso de histórias e metáforas justificando suas vantagens: promovem reestruturação cognitiva, motivação e aprendizagem vicária. O uso desses recursos precisa, entretanto, estar de acordo com o funcionamento e o plano de tratamento de cada paciente construído por meio de sua conceitualização. A escolha das histórias e metáforas deve considerar quanto cada uma delas motiva a criança para a prática e reflete de forma acurada a consequência de cada comportamento. Livros como o de Fox e Sokol (2011) que tratam de questões específicas de autoestima na adolescência e lança mão de histórias de jovens que incluem temáticas comuns a essa faixa etária. A identificação de questões semelhantes às suas é forte artifício que faz que esses jovens consigam perceber que existem outras maneiras de interpretar e enfrentar questões parecidas com as que eles vivenciam.

Como estratégia para crianças menores, Friedberg, McClure & Garcia (2009) citam a metáfora do motorista de ônibus em que deverão manter uma rota de estratégias a serem postas em prática para lidar com seus pensamentos, sentimentos e sintomas fisiológicos. Nessa rota, pode-se construir um mapa de acordo com os objetivos de cada paciente e estratégias de manejo de cada problema (cada problema é um passageiro). Novos passageiros poderão ser acrescentados e retirados da viagem à medida que surgem novos impasses ou são resolvidos. Os autores também sugerem que, no processo de questionamento socrático, as perguntas sejam construídas de maneira objetiva que possam ser fixadas e repetidas pelo paciente fora do *setting* terapêutico. Perguntas como "Eu estou me punindo pelos erros dos outros?" ou "O que fiz foi acidental ou de propósito?" podem ser treinadas com a criança para lidar com erros cognitivos, como, nesse caso, os "deverias".

De acordo com os exemplos citados anteriormente, a garantia de que as estratégias cognitivas com crianças e adolescentes sejam eficazes é a adaptação das técnicas e do modelo cognitivo às necessidades e às habilidades de cada paciente. Tomando como base o modelo cognitivo-comportamental, tais adaptações também parecem necessárias às intervenções comportamentais.

Técnicas comportamentais

As técnicas comportamentais, segundo Creed, Reisweber e Beck (2011), têm como resultado não só a mudança comportamental, mas também a modificação da visão que a criança tem do mundo e de si mesma. Dentre elas estão os experimentos comportamentais. De acordo com Barlow (1988), eles evocam as respostas emocionais vinculadas às interpretações distorcidas dos pacientes. Além disso, por meio deles, podem-se pôr em prática as estratégias cognitivo-afetivas aprendidas.

Experimentos envolvem necessariamente a exposição comportamental ao estímulo. São oportunidades para descoberta e teste da realidade. Eles permitem, assim, que as crianças/os adolescentes possam avaliar e desconfirmar suas expectativas em relação a um evento. Por esse motivo, é indicado que o enfrentamento comportamental nessa faixa etária seja criteriosamente discutido (acompanhado de reestruturação cognitiva) e a emoção não seja apenas vivenciada, mas também compreendida (Friedberg, McClure & Garcia, 2009).

Barlow (1988) acrescenta ainda que o enfrentamento comportamental ajuda a criança a desenvolver seu senso de controle e eficácia no mundo. Experimentos envolvem "fazer algo", o que parece um recurso bastante concreto e, portanto, extremamente eficaz em intervenções infantis. O planejamento dos experimentos e do enfrentamento comportamental com crianças é fundamental exatamente para que elas se sintam um pouco mais seguras e sobre o controle da situação.

É importante planejar estratégias para várias possibilidades de respostas do ambiente durante um experimento: se tudo correr bem, ou até mesmo se o pior realmente acontecer. Ser específico nesse planejamento também ajuda. Creed, Reisweber e Beck (2011) citam o exemplo de um caso em que o paciente havia definido como meta contar a alguém sobre a escolha de sua sexualidade. Nesse caso, o planejamento envolvia perguntas bastante específicas, tais como: a quem contar (quem seria a pessoa que respeitaria sua privacidade?), o que falar (que tipo de informação deveria ser contada, com que tipo de detalhes?), quando e onde (perceber ou criar um *setting* que favorecesse uma conversa mais calma). Adicionalmente, as possíveis reações das pessoas também deveriam ser mapeadas, bem como as respostas cognitivas e comportamentais de cada uma.

Outra técnica, a ativação comportamental, tem como objetivo interromper ciclos de inércia e pensamentos negativos. Nela, o planejamento das tarefas também é essencial. Nesse caso, as atividades deverão ser prazerosas com o objetivo de motivar a criança ao perceber os resultados de seus esforços, ainda que pequenos a princípio. Assim como as outras estratégias comportamentais, é necessário avaliá-las cognitivamente com o paciente. Nesse caso, pode-se contar ainda com a ajuda da família para a implementação das atividades, seu monitoramento e reforço destas.

É aconselhado que o enfrentamento de situações e a ativação comportamental aconteçam de maneira gradual em uma hierarquia que vai das situações mais fáceis às mais difíceis. O relaxamento serve como poderosa ferramenta que auxilia na redução da ansiedade pela via fisiológica. De acordo com Creed, Reisweber e Beck (2011), o relaxamento muscular progressivo e os exercícios de respiração diafragmática são tipos de relaxamento bastante eficazes para crianças e adolescentes. Ambos devem ser introduzidos passo a passo e de maneira concreta, com auxílio de desenhos, músicas e metáforas. É importante também a modelação do terapeuta, bem como a prática com a ajuda da família de preferência nas situações a serem enfrentadas.

É um fator-chave da exposição que o enfrentamento da situação se dê até que o alvo final e o nível do sentimento a serem trabalhados sejam alcançados. Segundo Friedberg, McClure e Garcia (2009), crianças ansiosas, em especial, tendem a falar melhor de seus medos que enfrentá-los. Acrescentam ainda que crianças que aprendem mecanismos para manejo de raiva precisam de vasta prática até que consigam pôr em prática as novas habilidades. Tais afirmações apenas reforçam a ideia de que os designs dos programas voltados para crianças necessitam incluir a prática comportamental bem planejada hierarquicamente e aplicada nos contextos emocionais apropriados.

Os passos de enfrentamento comportamental podem também ser recompensados artificialmente por meio de recompensas materiais planejadas, mas também pelo próprio fato de terem alcançado o alvo combinado. Friedberg e cols. (2009) sugerem que se podem tirar fotos ou filmar a cada etapa concluída para concretizar os alvos alcançados. É essencial mapear os principais reforçadores de cada criança/adolescente para que sejam realmente motivadores.

O sistema de recompensas também é amplamente utilizado em transtornos como o TOD, o TC e o TDAH. Nesses casos, a finalidade é trabalhar com recompensas externas, mais imediatas e vinculadas a metas positivas e claras sobre o que é esperado da criança em uma situação objetivamente definida. Eles podem ser administrados pela família e também pela escola. De acordo com Barkley (2002), crianças com problemas de comportamento precisam de recompensas concretas, mais imediatas e frequentes. O sistema de fichas é sistematizado por meio de uma lista de tarefas às quais se atribuiu uma quantidade de fichas ou pontos de acordo com a dificuldade de cada atividade, que serão trocados por recompensas estipuladas em conjunto com a família ou a escola. O autor recomenda que esse planejamento seja aderido por aproximadamente dois meses até que os comportamentos sejam modificados.

As técnicas comportamentais podem ser utilizadas, portanto, com diversos objetivos: exposição e enfrentamento de situações ansiogênicas, motivação externa, prática de estratégias para manejo da raiva, autocontrole, tolerância à frustração, depressão, transtornos alimentares, ansiedade social, transtorno obsessivo-compulsivo e perfeccionismo. Friedberg, McClure e Garcia (2009) citam uma série de atividades comportamentais que exemplificam o uso das técnicas comportamentais através de recursos lúdicos e concretos, em que as crianças precisam usar as habilidades aprendidas com o objetivo de treinar seus novos recursos antes de aplicar em situações reais.

Orientação à família

Uma das principais peculiaridades do tratamento com crianças e adolescentes é o envolvimento da família no tratamento. A relação da família com o tratamento e com o terapeuta parece ter relação direta com sua efetividade.

Alguns estudos sobre TCC para quadros de ansiedade sugerem que a participação da família é fundamental, especialmente quando a ansiedade dos pais ou de um deles também é alta, e ainda no atendimento de crianças menores (Barret, 1996; Cobham, Dadds & Space, 1998; Toren & cols., 2000).

A participação da família no tratamento dos problemas na infância e adolescência pode se dar em conjunto com o tratamento da criança ou até mesmo pode ser a única intervenção adotada para a remissão dos sintomas. Em crianças menores, por exemplo, pode-se indicar a orientação à família antes da intervenção direta com a criança (Barret, 1996).

Uma das razões diz respeito ao nível de desenvolvimento da criança, já comentado anteriormente. O tratamento com crianças muito pequenas se estenderia por mais tempo, uma vez que seria necessário adaptar e aplicar as técnicas de maneira diferente e, talvez, sem resultados tão efetivos do que em crianças maiores ou adolescentes. Um segundo motivo seria o fato de que nessa idade as crianças são mais dependentes de seu ambiente e a mudança no contexto familiar por meio da orientação terapêutica acarretaria em ganhos mais rápidos e eficazes.

Os pais também podem atuar como coterapeutas na medida em que não só são responsáveis por levar seus filhos à terapia, mas também por incentivá-los no processo, reconhecerem seus ganhos e darem suporte à aplicação das técnicas no dia a dia. Dessa forma, são agentes importantes para generalização do que foi aprendido durante a sessão em diferentes ambientes.

Entretanto, muitas vezes a família tem dificuldade em aderir ao tratamento, fazendo que o terapeuta também precise estar atento ao seu relacionamento com os cuidadores. De acordo com Manassis (2011), é importante observar alguns sinais da família nesse engajamento e investigar seus motivos. Algumas famílias, por exemplo, têm dificuldade na manutenção da frequência às sessões, o que pode estar relacionado a diversos problemas: desorganização, problemas financeiros ou até mesmo dúvidas quanto à efetividade do tratamento.

Pais de crianças com TDAH, por exemplo, podem ter impasses em manter a frequência nas sessões destinadas aos pais por desorganização, uma vez que o transtorno é de ordem genética e as chances de um dos pais sofrer da mesma desordem é grande. Técnicas como solução de problemas e uma agenda preestabelecida de encontro com as famílias podem ajudar a manejar esses fatores e impedir que haja a dissolução do tratamento.

Algumas vezes, pode ser necessário incluir na conceitualização quem deverá ser envolvido no tratamento. Avós e outros cuidadores poderão ser orientados, principalmente se a frequência do convívio com a criança for grande. Em outras situações, como em casos de pais em processo de separação, é recomendado definir com ambos os pais, em especial aquele que possui a guarda legal, quem ficará responsável por levar a criança, fazer o pagamento das sessões, bem como definir a frequência das orientações à família e como serão realizadas (com o pai e a mãe em conjunto ou separados).

O objetivo final do tratamento em TCC normalmente é fazer que seus pacientes apliquem em sua vida diária as técnicas que os farão viver com maior qualidade de vida. Assim, é importante informar os pais sobre o que está sendo trabalhado com seus filhos e, principalmente, treiná-los em como promover a generalização de cada etapa do tratamento. Manassis (2011) sugere que o trabalho de casa dos pais seja sempre paralelo ao dever de casa da criança/do adolescente. As tarefas precisam ser claras, realistas com as possibilidades de cada família e discutidas na sessão seguinte. As expectativas em relação a cada etapa do tratamento precisam ser esclarecidas para que os pais não se sintam frustrados com as tarefas solicitadas e, consequentemente, com o tratamento.

Impasses na orientação às famílias podem acontecer muitas vezes em decorrência da psicopatologia dos pais, o que vai demandar habilidades extras do terapeuta para o manejo das situações. Alguns desses pais estão conscientes de suas dificuldades, mas ainda não conseguem manejá-las. O terapeuta pode ajudá-los com algumas orientações nas situações que tenham relação com a criança, mas, na maioria dos casos, as dificuldades dos pais extrapolam a convivência com a criança, sendo necessário sugerir acompanhamento específico para o pai ou a mãe.

Em contrapartida, quando o cuidador não tem consciência de sua psicopatologia, é importante trabalhar através da psicoeducação, enfocando os prejuízos que o funcionamento familiar acarreta na criança e em cada um dos membros da família, e como eles estão relacionados. Quando esse ciclo de sintomas é muito autorreforçador, torna-se mais difícil rompê-lo apenas por meio da terapia com a criança e é necessária uma intervenção voltada diretamente à família. Em outros casos, ao contrário, a criança tem grande participação para a manutenção do estresse familiar, como no caso de transtornos específicos do desenvolvimento que exigem da família uma grande adaptação para o manejo dos comportamentos da criança.

Diante disso, alguns tópicos precisam ser enfocados com a família sobre os motivos de sua participação no tratamento. Os pais passam mais tempo com a criança do que o terapeuta e vivenciam as situações problemáticas com as crianças na prática. Adicionalmente, eles conhecem seus filhos e aquilo que os motiva, sendo também os melhores agentes para recompensá-los cotidianamente. Não obstante, o poder de recompensa dos pais vai além do manejo de reforços artificiais, como dar presentes ou permitir que as crianças vejam ou não televisão.

Crianças e adolescentes são extremamente sensíveis à atenção de suas famílias: eles gostam de agradar aos seus cuidadores e de obter sua companhia e elogios. Por esse motivo, os modelos dos pais são tomados como exemplos de comportamento, mesmo que de forma indireta. Nesse caso, quando se trabalha com toda a família as mesmas formas de enfrentamento de um problema, o modelo utilizado pelos pais tende a ser repetido automaticamente, o que facilita o trabalho em terapia. Assim, se, por exemplo, o pai ou a mãe têm algum tipo de problema entre eles e logo em seguida travam uma conversa para resolvê-lo, a criança pode passar a entender que os problemas existem, mas que conversar sobre eles levam a uma solução.

Mais que prover os pais das diversas técnicas, o papel da terapia é o de auxiliá-los a se pôr na perspectiva de seus filhos, o que permitirá que suas condutas em relação à criança sejam feitas de maneira empática e encorajadora. Cada problemática deve ser trabalhada passo a passo, uma de cada vez, por meio do incentivo ao uso de habilidades de comunicação, incentivos eficazes e solução colaborativa de problemas.

Considerações finais

O atendimento de crianças e adolescentes em TCC é, sem dúvida, peculiar. Diversos fatores aqui abordados necessitam, por parte do terapeuta, de estudos mais profundos sobre desenvolvimento humano, relacionamentos familiares, metodologias educacionais, dentre outros. A gama de conhecimentos do mundo infantojuvenil precisa ser ampliada exigindo deste profissional um investimento adicional.

Não obstante, grande parte das técnicas requer adaptações que podem ser obtidas por meio de materiais já disponíveis no mercado ou, ainda, serem criadas pelo próprio terapeuta. Tais adaptações exigem um entendimento específico do caso em termos de processamento cognitivo, de linguagem, de regulação emocional etc. A TCC vem caminhando no sentido de desenvolver técnicas mais específicas e tratamentos eficazes para essa população, sendo ainda necessários investimentos adicionais no campo empírico.

Referências

ACHENBACH, T. M. (1991). *Integrative Guide to the 1991 CBCL/4-18, YSR, and TRF Profiles*. Burlington, VT: University of Vermont, Department of Psychology.

ANASTOPOULOS, A., & Gerrard, L. (2003). *Facilitating understanding and management of attention-deficit/ hyperactivity disorder*. In M. Reinecke, F. Dattilio, & A. Freeman (Eds.), Cognitive therapy with children and adolescents: a casebook for clinical practice (pp. 19-42). New York: Guilford.

ATTWOOD, T. (a) (2004). *Exploring feelings: anxiety: cognitive behaviour therapy to manage anxiety*. Future Horizons, Texas.

ATTWOOD, T. (b) (2004). *Exploring feelings: anger: cognitive behaviour therapy to manage anger*. Future Horizons, Texas.

ATTWOOD, T. (2008). *Asperger's syndrome: a guide for parents and professionals.* London: Jessica Kingley Publishers.

BAKER, J. (2003). *Social skills training for children and adolescents with Asperger syndrome and social-communications problems*. Kansas: Autism Asperger Publishing.

BAKER, J. (2006). *Social skills picture book for high school and beyond*. Texas: Future Horizons.

BARKLEY, R. (2002). *Transtorno do déficit de atenção/ hiperatividade: TDAH*. Porto Alegre: Artmed.

BARLOW, D. H. (1988). *Anxiety and its disorders: the nature and treatment of anxiety and panic.* New York: Guilford Press.

BARRETT, P., Dadds, M., & Rapee, R. (1996). Family treatment of childhood anxiety: a controlled trial. *Journal of Consulting and Clinical Psychology*, 64, 333–342.

BARRETT, P., Lock, S., & Farrell, L. (2005). Developmental differences in universal preventive intervention for child anxiety. *Clinical Child Psychology and Psychiatry*, 10, 539-555.

BARTSCH, K., & Estes, D. (1996). Individual differences in children's developing theory of mind and implications for metacognition. *Learning and Individual Differences*, 8(4), 281-304.

BAUMRIND, D. (1971). Current patterns of parental authority. *Developmental Psychology Monograph*, 4, 1-103.

BECK, J., Beck, A., Jolly, J., & Steer, R. (2005). Beck Youth Inventories-Second Edition for Children and Adolescents Manual. San Antonio: PsychCorp.

BECK, J. (2011). *Cognitive Behavior Therapy, Basics and Beyond*. New York: Gilford Press.

BOWLBY, J. (1990). *Apego*. São Paulo: Martins Fontes.

BRESTAN, E., & Eyberg, S. (1998). Effective psychosocial treatments for children and adolescents with disruptive behavior disorders: 29 years, 82 studies, and 5272 kids. *Journal of Clinical Child Psychology*, 27, 179-188.

CARTWRIGHT-HATTON, S., Roberts, C., Chitsabesan, P., Fothergill, C., & Harrington, R. (2004). Systematic review of the efficacy of cognitive behaviour therapies for childhood and adolescent anxiety disorders. *British Journal of Clinical Psychology*, 43, 421-36.

CLARK, G., DeBar, L., & Lewinsohn, P. (2003). Cognitive-behavioral group treatment for adolescent depression. In A. E. Kazdin & J. R. Weisz (Eds.), *Evidenced-based psychotherapies for children and adolescents* (pp. 120–134). New York, NY: Guilford Press.

COBHAM, V., Dadds, M., & Spence, S. H. (1998). The role of parental anxiety in the treatment of childhood anxiety. *Journal of Consulting and Clinical Psychology*, 66(6), 893-905.

COOK, J., Taylor, L., & Silverman, P. (2004). The application of therapeutic storytelling techniques with preadolescent children: A clinical description with illustrative case study. *Cognitive and Behavioral Practice*, 11, 243-248.

CREED, T.; Reisweber, J., & Beck, A. (2011). *Cognitive Therapy for Adolescents in School Settings.* New York: Guilford Press.

CHRISTNER, R., Stewart, J., & Freeman, A. (Eds.) (2007). *Group cognitive therapy for children.* New York: Routledge.

DEL PRETTE, Z. A. P., & Del Prette, A. (2005). *Sistema multimídia de habilidades sociais para crianças.* São Paulo: Casa do Psicólogo.

EISENBERG, M., Olson, R., Story, M., & Bearinger, L. (2004). Correlations between family meals and psychosocial well-being among adolescents. *Arquives of Pediatric & Adolescent Medicine*, 158, 792-796.

FOX, M., & Sokol, L. (2011). *Think confident, be confident for teens: a cognitive therapy guide to overcoming self-doubt and creating unshakable self-esteem (Instant Help Solutions).* Oakland: Newhabinger.

FRIEDBERG, R., Friedberg, B., & Friedberg, R. (2001). *Therapeutic exercises with children: Guided self-discovery through cognitive behavior techniques*. Sarasota, FL: Professional Resource Press.

FRIEDBERG, R., McClure, J., & Garcia, J. (2009). *Cognitive therapy techniques for children and adolescents: tools for enhancing practice*. New York: Guilford Press.

FU-I, L., Boarati, M., Maia, A., *et al* (2012). Transtornos afetivos na infância e adolescência. Diagnóstico e tratamento. Porto Alegre: Artmed.

GRAVE, J., & Blisset, J. (2004). Is cognitive behavior therapy developmentally appropriate for young children? A critical review of the evidence. *Clinical Psychology Review*, 24, 399-420.

GIOIA, G. A., Isquith, P. K., Guy, S. C., & Kenworthy, L. (2000). *Behavior Rating Inventory of Executive Function*. Lutz, FL: Psychological Assessment Resources, Inc.

GOODMAN R., Ford T., Richards H., *et al.* (2000). The Development and Well-Being Assessment: Description and initial validation of an integrated assessment of child and adolescent psychopathology. *Journal of Child Psychology and Psychiatry*, 41, 645-55.

GRAVE, J., & Blissett, J. (2004). Is cognitive behavior therapy developmentally appropriate for young children? A critical review of the evidence. *Clinical Psychology Review*, 24, 399-420.

GRAY, C. (1994). *Comic strip conversations: illustrated interactions that teach conversation skills to students with autism and related disorders*. Arlington, TX: Future Horizons, Inc.

HARRINGTON, R., Wood, A., & Verduyn, C. (1998). Clinically depressed adolescents. In P. Graham (Ed.), *Cognitive–behavior therapy for children and families* (pp. 156-188). Cambridge: Cambridge University Press.

HARRIS, P. (1996). *Criança e emoção: o desenvolvimento da compreensão psicológica*. São Paulo: Martins Fontes.

HARRIS, P.; Olthof, T., & Terwogt, M. (1981). Children's knowledge of emotion. *Journal of Child Psychology and Psychiatry*, 22, 247-261.

HART, C., Newell, L., & Olsen, S. F. (2003). Parenting skills and social-communicative competence in child- hood. In J. O. Greene & B. R. Burleson (Eds.), *Handbook of communication and social interaction skills* (pp. 753-797). Mahwah, NJ: Lawrence Erlbaum Associates.

HEEGAARD, M. (1998). *Quando os pais se separam*. Porto Alegre: Artmed.

HEEGAARD, M. (1998). *Quando a Família Está com Problemas*. Porto Alegre: Artmed.

HEEGAARD, M. (1998). *Quando Alguém Muito Especial Morre*. Porto Alegre: Artmed.

HUEBNER, D. (2009). Coleção *O que fazer quando*. Porto Alegre: Artmed.

KAZDIN, A., Bass, D., Ayers, W. A., & Rodgers, A. (1990). Empirical and clinical focus of child and adolescent psychotherapy research. *Journal of Consulting and Clinical Psychology*, 58, 729-740.

KENDALL, P. C. (1994). Treating anxiety disorders in children: Results of a randomized clinical trial. *Journal of Consulting and Clinical Psychology*, 62, 100-110.

KENDALL, P., Flannery-Schroeder, E., Panichelli-Mindel, S. M., Southam-Gerow, M., Henin, A., & Warman, M. (1997). Therapy for youths with anxiety disorders: a second randomized trial. *Journal of Consulting and Clinical Psychology*, 65, 366–380.

KENDALL, P., Ghansky, T., Kane, M., Kim, R., Kordander, E., Ronan, K., *et al.* (1992). *Anxiety disorders in youth: cognitive-behavioral interventions*. Needham Heights, MA: Allyn & Baco.

LORD, C., Rutter, M., Goode, S., Heemsbergen, J., Jordan, H., Mawhood, L., & Schopler, E. (1989). Autism Diagnostic Observation Schedule: A Standardized Observation of Communicative and Social Behavior. *Journal of Autism and Developmental Disorders*. 19, (2), 185- 212.

LORD, C., Rutter, M., & Le Couteur, A. (1994). Autism Diagnostic Interview-Revised: A revised version of a diagnostic interview for caregivers of individuals with possible pervasive developmental disorders. *Journal of Autism and Developmental Disorders*, 24(5) 659-686.

ROBINSON, P. (2007). *Mind Reading DVD: an interactive computer-based guide to reading emotions from the face and voice*. University of Cambridge.

MANASSIS, K. (2008). *Keys to Parenting Your Anxious Child*. New York: Barronseduc.

MARCH, J., Parker, J., Sullivan, K., Stallings, P., & Conners, C. (1997). The Multidimensional Anxiety Scale for Children:

Factor structure, reliability, and validity. *Journal of the American Academy of Child Adolescent Psychiatry*, 36, 554-565.

MATTOS, P., Serra-Pinheiro, M., Rohde, L., & Pinto, D. (2006). Apresentação de uma versão em português para uso no Brasil do instrumento MTA-SNAP-IV de avaliação de sintomas de transtorno do déficit de atenção/hiperatividade e sintomas de transtorno desafiador e de oposição. *Revista Psiquiatria Rio Grande do Sul*, 28(3), 290-297.

PADESKY, C. (2010). *Conceituação colaborativa de casos*. Porto Alegre: Artmed.

PATTEN, S., Sedmak, B., & Russell, M. (2001). Major depression: prevalence, treatment utilization and age in Canada. *The Canadian journal of clinical pharmacology*, 8:3, 133-138.

PARDINI, D., & Lochman, J. (2003). The development of callous-unemotional traits and antisocial behavior in children: Are there shared and/or unique predictors? *Journal of Clinical Child and Adolescent Psychology*, 36, 319-333.

PIAGET, J. (1952). *The origins of intelligence in children*. International Universities Press, New York.

ROTHBART, M., & Posner, M. (2006). Temperament, attention, and developmental psychopathology. In D. Cicchetti & D. Cohen (Eds.), Developmental psychopathology: Vol. 2. *Developmental Neuroscience* (pp. 465-501). New York: Wiley.

SCAHILL L., Riddle, M., McSwiggan-Hardin, M., Ort, S., King R., Goodman W., *et al.* (1997). Children's Yale-Brown obsessive-compulsive scale: reliability and validity. *Journal of the American Academy of Child and Adolescent Psychiatry*. 36:844-852.

SCARPA, A., & Reyes, N. (2011). Improving Emotion Regulation with CBT in Young Children with High Functioning Autism Spectrum Disorders: A Pilot Study. *Behavioural and Cognitive Psychotherapy*, 39(4), p. 495-500.

SILVARES, E., Pereira, R., & Porto, P. (2011). Transtorno de excreção: enurese e encoprese. In C. S. Petersen & R. Wainer. (Eds.). *Terapias cognitivo-comportamentais para crianças e adolescentes* (pp. 358-375). Porto Alegre: Artmed.

SMITH, B., Barkley, R. A., & Shapiro, C. (2006). Attention deficit hyperactivity disorder. In E. J. Mash & R. A. Barkley (Eds.). *Treatment of Childhood Disorders* (3rd ed.). New York: Guilford.

SPIEGLER, M., & Guevremont, D. (1998). *Contemporary behavior therapy*. New York: Brooks/Cole.

STALLARD, P. (2002). *Think good – Feel good: A cognitive behaviour therapy workbook for children and young people.* Chichester: John Wiley.

STEGGE, H., & Terwogt, M. (2007). Awareness and Regulation of Emotion in Typical and Atypical Development. In James J. Gross (ed.), *Handbook of Emotion Regulation*. New York: Guilford Press.

THOMAS, A., & Chess, S. (1977). *Temperament and development*. New York: Brunner/Mazel.

VOLKMAR, R., Klin, A., & Cohen, D. (Eds.) (2005) *Handbook of autism and pervasive developmental disorder*s. Hoboken, NJ: John Wiley & Sons, Inc.

Autores

Bernard Pimentel Rangé

Psicólogo formado pela Pontifícia Universidade Católica do Rio de Janeiro (PUC-Rio), mestre em Psicologia Teórico Experimental e doutor em Psicologia Clínica pela Universidade Federal do Rio de Janeiro (UFRJ). Professor-associado ao Instituto de Psicologia da UFRJ, membro do corpo editorial da *Revista Brasileira de Terapias Cognitivas* e membro do corpo editorial da *Revista Brasileira de Terapia Comportamental e Cognitiva*.

Eliane Mary de Oliveira Falcone

Psicóloga formada pela Universidade Santa Úrsula (USU), mestre em Psicologia clínica pela Pontifícia Universidade Católica do Rio de Janeiro (PUC-Rio) e doutora em Psicologia Clínica pela Universidade de São Paulo (USP), com pós-doutorado em psicologia experimental pela mesma instituição. Professora adjunta do Instituto de Psicologia da Universidade do Estado do Rio de Janeiro (UERJ), membro do grupo de trabalho em Relações Interpessoais e Competência Social da Associação Nacional de Pesquisa e Pós-graduação em Psicologia (Anpepp). Ex-presidente da Sociedade Brasileira de Terapias Cognitivas (SBTC).

Margareth da Silva Oliveira

Psicóloga formada pela Pontifícia Universidade Católica do Rio Grande do Sul (PUCRS) mestre em Psicologia Clínica pela mesma instituição, doutora em Ciências pela Universidade Federal de São Paulo (UNIFESP), com pós-doutorado pela University of Maryland (UMBC). Professora do curso de graduação em Psicologia da PUCRS, professora e pesquisadora do Programa de Pós-graduação em Psicologia da PUCRS. Coordenadora do grupo de pesquisa em Avaliação e Atendimento em Psicologia Cognitiva do Programa de Pós-Graduação em Psicologia da PUCRS, bolsista produtividade em pesquisa do Conselho Nacional de Desenvolvimento Científico e Tecnológico (CNPq), membro do grupo de trabalho Atendimento Psicológico nas Clínicas-Escola: convergências atuais da Associação Nacional de Pesquisa e Pós-Graduação em Psicologia (Anpepp). Sócio-fundadora da Federação Brasileira de Terapia Cognitiva (FBTC).

Karen P. Del Rio Szupszynski

Psicóloga formada pela Pontifícia Universidade Católica do Rio Grande do Sul (PUCRS), mestre em Psicologia Clínica pela mesma instituição e doutoranda em Psicologia Clínica pela mesma instituição e membro do grupo de pesquisa Avaliação e Atendimento em Psicoterapia Cognitiva.

Patricia Barros

Psicóloga com formação em Terapia Cogntivo-Comportamental. Pós-graduada em Saúde Mental Infantojuvenil (Santa Casa de Misericórdia – RJ). Mestre e doutoranda em Psicologia Social (Universidade do Estado do Rio de Janeiro), coordenadora acadêmica do Curso de Extensão em Terapia Cognitivo-Comportamental com crianças e adolescentes (Santa Casa de Misericórdia – RJ).

Impresso por :

gráfica e editora

Tel.:11 2769-9056